事典
太平洋戦争と子どもたち

浅井春夫・川満 彰・平井美津子・本庄 豊・水野喜代志 編

吉川弘文館

目次

戦争が子どもたちにもたらすもの　浅井春夫

太平洋戦争と子どもたちを知る47問

Ⅵ部　戦後の時代状況

Ⅶ部　戦後史のなかのさまざまな子どもたち

戦争が子どもたちにもたらすもの

浅井春夫

戦争とは無縁の社会を希求して

一九四七年五月三日に「政府の行為によつて再び戦争の惨禍《さんか》が起ることのないやうにすることを決意し、ここに主権が国民に存することを宣言し、この憲法を確定する」と、日本国憲法を施行した。先の戦争の反省をもとに、日本は新たな道を歩み始めた。

戦争は国家間の最大の暴力であり、ひとたび戦争態勢に入れば後戻りはできない。多くの死者や戦傷者を生み出すことになる。戦争孤児・戦争寡婦《かふ》・戦争障がい者を生み出し、戦争が終わっても長きにわたり困難な暮らしを強いられ、人生の可能性を奪われることも多かったのが現実である。それは〝英霊の遺児〟においても同様の状況であった。

結局、軍人恩給が支給された元兵士以外の戦争犠牲者たちは放置され、国家によるネグレクトによって〝野垂《のた》れ死に〟の状態におかれたのである。戦時・戦後を生き抜いた子どもたちはまさにサバイバー（生存者）である。

戦後七五年の節目を過ぎ、戦争のサバイバーたちの声を聞く最後の機会が近づいている。本書の編者五名が編集した『戦争孤児たちの戦後史（全三巻）』（吉川弘文館、二〇二〇〜二一年）は、そうした状況下における戦争孤児問題の研究の集約であり、戦後一〇〇年を目指した研究の再スタートの決意の表明であった。

今日の時代状況をどう読むか

戦争と平和という視点からこの時代を捉えると、今日ほど平和が危機に瀕している時代はない。二〇二二年度の防衛費予算は過去最大の五兆四〇〇五億円（補正予算を合わせると六兆一七四四億円）となっている。それに対して内閣府の二〇二一年度予算では「子どもの貧困対策の推進」の予算は三億円にすぎない。子どもの貧困対策法では、子どもの貧困の定義がないので、総花的な予算のしくみとなっており、ねらいの定まらない対策となっている。内閣府の予算をとってみれば、このような財政投入額となっている。"大砲かバター か"の天秤《てんびん》は、一貫して大砲に圧倒的に比重が置かれたままである。そして国民生活はバターどころか、質の悪いマーガリンで我慢しろ！といった、政治の状態となりつつある。お金のない人間は、孤独死の淵《ふち》をさ迷わざるをえなくなっている。

国会においては、「敵基地攻撃能力」（現在は「反撃能力」と言い換え）を日本の選択肢とする論議が行われている。また、他国との核兵器の共同所有論が国会議員から叫ばれている。武器には武器を、核兵器には核兵器をという道を選べば、人類の破滅への道をひた走ることになる。同時代を生きる人間として、何を語り、どう行動するのか、子どもと私たちの未来を奪われないために、私たちは戦争を語り、何を大切にしたいのかを考え続けたいと思う。

戦争体制が形成されていくプロセスと現実は、次のような要件で構成されていると考える。①海外で戦争ができるための法律の制定、②戦争を遂行できる軍隊と軍備の拡張、③国会における、戦争肯定政策を掲げる政党の多数派形成と批判勢力の後退、④戦争を遂行できる国家予算と戦争財政の拡充（軍事費の増大）、⑤戦争を支持し熱狂する大衆と扇動するマスコミの存在、⑥学会や研究団体の右傾化と戦争政策への融合、⑦戦争推進を思想的に支える教育体制の整備、⑧子ども・青年層の熱狂的な支持の広がりなどがあげられる。

その結果、戦争体制は、まず国民にとっては超貧困社会となり、次に家族と地域における監視体制が構築されることになり、さらに戦争体制を支持する教育方針・内容が徹底した管理主義のもとで統制されていくことになる。

これは歴史の教訓であるとともに、現在の日本の動向でもあるのではないか。

そうした歴史を振り返り多角的に解説しているのが、本書『事典 太平洋戦争と子どもたち』である。

「子どもたちへの無関心」の戦後史

「子どもたちへの無関心」という国の立ち位置を問うことが、今日ほど重要な時代はない。UNICEFイノチェンティ研究所『Report Card 7』研究報告書「先進国における子どもの幸せ―生活と福祉の総合的評価―」（二〇〇七年）の表紙に次にように書かれている。

国の状態を示す本物の目安とは、その国が子どもたちに対してどれほどの関心を払っているかである（英文：The true measure of a nation's standing is how well it attends to its children）。

「nation's standing」を国の状態と訳されているが、「国家の立ち位置」と訳す方が内容的にはより近いであろう。こうした「国家の立ち位置」を考える視点からいえば、わが国は戦中・戦後、これまで一貫して〝子どもへの無関心〟が続いている国である。もちろん戦力や労働力を補充する〝人材〟として子どもたちに期待したことはあったが、そこには子ども期を大切に保障するという観点はきわめて乏しかった。

本書を読んでいただければ、歴史のなかの、とくに戦争前・戦争中・戦後直後において子どもたちは放置・遺棄《いき》されたことが明白である。国家の子どもたちへの眼差しは〝子どもへの無関心〟という姿勢であり続けている。

『事典 太平洋戦争と子どもたち』刊行の意義

「事典」とは、事物や事柄を表す言葉を集めて一定の順序に配列し、解説をした書物のことをいう。本書は、太平洋戦争がどのように推進され、戦争によって子どもたちの暮らしがいかに変質・劣化していったのかを、政治・政策や法律・制度、学校・地域における教育システム、沖縄における戦争体験、子どもの生活実態などに即して、歴史の事実として解説することを目的としている。その目的をよりよく達成するため、一般の事典のような語句の配列と解説の形をとらず、各事項ごとに具体的な問いを設定することにした。

本書の性格についてふれておく。第一は、全体を通して子どもの生活実態と子どもの視点から戦争の実相を捉え直す研究のスタンスで貫かれていることである。子どもにとって戦争はどのような問題を突きつけたのかが問い直される内容となっている。

第二に、子ども期における戦争体験は、子どもの発達や人格形成にとってどのような抑圧と疎外《そがい》となったのかが考察される。戦争が子どもの人生を踏みにじることを、事実の集積によって示す。

第三として、太平洋戦争は子どもたちにとってどのような戦争であったのかを、子どもの実体験を通してさまざまな角度から論究されていることをあげておきたい。一言でいえば、太平洋戦争は正規軍同士の戦争ではなく、国民や子どもを戦場に引きずり込んだ戦争であった。民間人の大量殺戮《さつりく》が戦争の本質であることを証明した。

第四として、沖縄戦は子どもたちにとって最も過酷な戦争体験となったことを明らかにする。少年兵として、戦場のなかの孤児としての現実や、孤児院の暮らしのなかで生死をさ迷った子どもたちの実態が紹介される。沖縄戦と子どもの実態は、戦争の極限状態を示している。

第五として、戦後の時代状況を踏まえて、戦後史のなかで子どもたちがいかに生き延びたのか、またどうして死者とならざるをえなかったのかを具体的に述べている。戦争が終わっても、子どもたちにとっては、生きることを脅かされ、孤独な戦後を歩まざるをえなかったのである。

私たち編者五名に共通している研究の意志は、戦争孤児問題と沖縄への熱き想いである。再び戦争の惨禍が子どもたちを覆《おお》うことのないように、「二一世紀こそ子どもの世紀に」することを実現したいと願っている。本書が子どもたちの未来を切り拓こうとする人たちへのエールとなることを心から願っている。

そして、ウクライナの人々、世界中の子どもたちの頭上に、平和のファンファーレが鳴り響くことを祈りたい。

47questions

太平洋戦争と子どもたちを知る47問

問 1

太平洋戦争で子どもは何をさせられたのでしょうか

一九三七年七月に始まった日中戦争によって、国民の暮らしにさまざまな制限が加えられるようになった。一九四一年一二月には太平洋戦争が始まり、臨戦態勢に重点が置かれた生活が強いられることになった。そうした時代の動向は子どもたちの暮らしも例外なく、戦争推進体制に確実かつ急速に組み込まれていくことになった。

そして戦争の終結とともに、子どもたちの暮らしに、いっそうの貧困と生活困難が圧し掛かってきた。とりわけ親を失った戦争孤児たちは養子縁組・里親・児童養護施設などで受け容れきれない現実があったので、敗戦直後の社会にいわゆる〝浮浪児〟を生み出すことになったのである。

子どもたちの暮らしの変遷―衣食住

衣食住のなかで、おとなにとっても、子どもにとっても食生活は最も重要な暮らしの柱である。太平洋戦争直前の一九四一年四月に大都市米穀《べいこく》配給通帳制、外食券制が実施され、徐々に食料の統制が厳しくなり、必要な食料を自由に買うことができなくなった。子どもにとっての楽しみである甘いお菓子も、陸軍記念日（三月一〇日。日露《にちろ》戦争時の日本軍の奉天《ほうてん》占領もしくは入城の日にあたる）などの軍事色の強い日に配られるのみであった。まさに「欲しがりません。勝つまでは」のスローガンが時代の空気であり、子どもの暮らしもそうした空気に飲み込まれてしまった。

栄養不足は子どもたちを襲い、大阪府の例では、一五歳の平均体重は一九四二年で四五・四kg、四四年で四二・八kgと減少の一途をたどった。この間、代用食として「決戦食」なるものも登場した。藁《わら》・さつまいものつる・果実の皮などを粉末にし小麦粉を混ぜて食べるという粉食であった。

敗戦後はさらに食糧難を極め、「欠食の時代」となった。配給に頼ることはできず、「闇市《やみいち》」による調達で、いのちをつなぐ日々であった。最低栄養許容量の二分の一以下しか摂取できない条件下で、多くの人がギリギリで生きていたのである。そうした状況で、上野《うえの》界隈《かいわい》・上野地下道で餓死をした

子どもたちも少なくなかった。

全国各地に爆弾の雨を降らした空襲は家族と住まいを奪い、衣服や靴さえも入手できず、裸同然でさまよう子どもたちも少なくなかった。また、地上戦となった沖縄では、戦場に残された戦場孤児たちが多数いたのだった。

学校制度の変遷と教育の軍事化

すでに一九二五年から男子中学校以上の学校には陸軍現役将校を配属し教練《きょうれん》（軍事教練）を必修として課しており、配属将校が戦時下の学校で最も権力を持った存在となっていた。学校の軍人養成校化の基盤づくりは確実に進行していった。

一九四一年四月から国民学校令に基づいて、尋常《じんじょう》小学校は「国民学校」に変わり、義務教育八年（国民学校初等科六年、高等科二年）と規定された。しかし戦時下では高等科二年は

小学生の棒登りの訓練（1944年6月、毎日新聞社提供）

終戦まで実現されなかった。学童集団疎開は少なくとも約四〇万人が全国各地に疎開することとなり、子どもたちの暮らしは戦時色がすみずみまで浸透していくこととなった。

子どもたちは「少国民《しょうこくみん》」と呼ばれ、心身をしっかり鍛え、より強い日本の国をつくる人間になるための軍国主義教育が行われた。「少国民」とは、日中戦争から第二次世界大戦までの日本において銃後《じゅうご》に位置する子どもを指した語で、年少の皇国民という意味がある。これはドイツのヒトラーユーゲント（ナチス党の青少年組織）の下部組織「Jungvolk」の訳語である。

新しい国定教科書による軍国主義教育が行われ、男子は木銃による軍事教練、女子はなぎなた訓練・救護訓練・看護訓練なども行われた。敗色が濃くなると学校から教育が姿を消し、一九四五年三月には決戦教育措置要綱が閣議決定され、四月一日から一年間、原則として授業を停止、さらに五月には戦時教育令（勅令）が出され、学校ごとに教職員と学生・生徒により学徒隊を組織することが決定された。

決戦教育措置要綱は、次のような方針が掲げられている。

第一　方針

現下緊迫セル事態ニ即応スル為学徒ヲシテ国民防衛ノ一翼《いちよく》タラシムルト共ニ真摯《しんし》生産ノ中核タラシムル為左ノ

措置ヲ講ズルモノトス

第二　措置

一　全学徒ヲ食糧増産、軍需《ぐんじゅ》生産、防空防衛、重要研究其ノ他直接決戦ニ緊要ナル業務ニ総動員ス（以下略）

学校という教育の場を離れて、食糧づくり（農園作業）、軍需工場での勤労奉仕、「防空防衛」（防空壕掘り）などを子どもたちに課した。まさに銃後の「少国民」の姿であった。

一九四四年になると、連合国軍の空襲はますます激しさを増し、四五年になると空襲から逃げ惑う毎日となった。空襲は総計で約二〇〇〇回となり、投下された焼夷弾《しょういだん》は約二〇四〇万発、空襲被害死者数は四五万九五六四人を数えるとされる（NHKスペシャル取材班『本土空襲全記録』角川書店、二〇一八年）。子どもの死者の統計は集約されないままであった。

戦争終結により再開された学校の授業は、それまで使っていた教科書を切ったり、墨を塗ったりする作業が行われた。敗戦によって、一九四七年に教育基本法・学校教育法が制定され、義務教育九年（小学校六年、中学校三年）と規定された。軍国主義教育は全面的に否定されることになった。教育の基本理念は憲法と教育基本法に示されたのである。

地域における戦時体制の整備

国民は一致団結して戦争にのぞむために、近所の一〇軒前後の世帯を一組として「隣組《となりぐみ》」を結成し、月に一度常会《じょうかい》という集まりを開いて、国から下ろされてくるさまざまな方針を伝えたり、話し合いをしたり、定期的に防空訓練を実施していた。子どもたちも年齢に応じてこのような活動に参加し役割を担った。また、カルタや子ども向け雑誌などで、戦意高揚のための情報が子どもたちに注がれていた。隣組などの国民相互の監視行動によって家族と地域は軍国主義の浸透の手段となっていた。相互監視社会は密告社会でもあった。

国策である「産めよ、殖《ふ》やせよ」の人口政策確立要綱（一九四一年一月、閣議決定）が「大東亜共栄圏《だいとうあきょうえいけん》」（日本がアジア支配を正統化するために用いた、アジア地域の共存共栄を唱えたスローガン）確立を目標として策定された。要綱には一九六〇年に内地人人口一億人を目標として掲げられていた。要綱の策定当時の日本の総人口は七三五〇万人であった。戦時体制における国民の暮らしは、個人の尊厳や家族のプライバシーがおろそかにされ、家族と個人の権利は国策に従属させられた。子どもたちの生活も同様の状態であり、むしろ子どもこそ子ども期を奪われた最大の犠牲者であった。

（浅井春夫）

〔参考文献〕仁科又亮「戦中・戦後を通じての暮らしの移り変わり」（『昭和のくらし研究』一、二〇〇二年）

問2 戦争の歴史を通じて、子どもたちの人生はどうなったのでしょうか

戦争の時代の子どもの人生をみる時、三つの側面から考える必要がある。一つは、当時の子どもは基本的に人生を国家によって決められていて、主体的な選択はできなかったという点である。天皇のために生きる人生であり、自ら決める人生はなかった。二つめとして、人間はいかなる場合でも主体的に生きようとし、自ら選ぶ余地は狭かったものの、そのなかで人生の針路を探ろうとした。その時、周囲のおとなたちは人生のモデルであり、時に子どもたちの援助者であり、彼らから学ぶことは多かった。三つめに、地域による違いはもちろんあった。植民地下・占領下の子どもたちは、人生を支配されると同時に、自らの文化もことばも奪われた。

「天皇の赤子《せきし》」

当時の子どもたちの人生は、すべて天皇のため、国家のために捧げることが求められた。今でこそ「人権」という概念があるが、当時はおとなも、子どもも、人権は天皇の許す範囲でのみ認められた。人権の「主体」ではなかった。

それを象徴する興味深いことばがある。「天皇陛下の赤子」。天皇を恵み深い親にたとえ、子どもはすべてその天皇の子、という意味である。戦前、天皇は絶対的な唯一の権力者であった。すべての子どもがその「天皇陛下の赤子」とされた。立派なおとなになって天皇のために尽くす、日本国家のために尽くす、子どもたちの人生は生まれた時からそのレールの上にあり、それ以外の人生は許されなかった。許さないように皇民化教育が進められた。

そのために学校教育も変えられた。一九四一年四月からは国民学校で学ぶことになる。国民学校とは、「国民学校ハ皇国ノ道ニ則リテ初等普通教育ヲ施シ国民ノ基礎的錬成《れんせい》ヲ為スヲ以テ目的トス」（国民学校令第一条）と定められて始まる。この制度づくりは一九三〇年代末より行われている。ちょうど、アジア・太平洋戦争で中国戦線が本格化し、各地で苦戦を強いられ、東南アジア侵略で打開を試みようとする時期である。「皇国の道」を国内で強化するための教育政策であっ

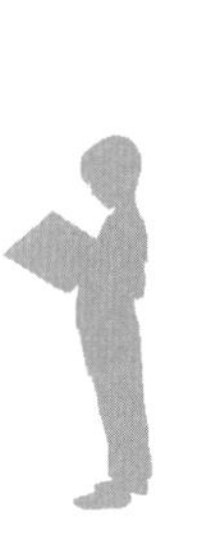

「信濃路はるか」碑（長野県千曲市上山田ホテル, 2017年建立）

た。

また、天皇制絶対主義の最末端として家族があった。家族の一番の目的は赤子を増やして、天皇に尽くす日本人を増やすことである。そして、天皇のため、お国のための戦争を円滑に遂行する。その家族という組織を指揮するのは家長（たいていは父親）である。家父《かふ》長制《ちょうせい》という。子どもは家の中でも家長に従って生きる人生であった。子どもは自分で自分の人生を生きる選択肢はどこにもなかったといっていい。特に本人の特性とは無関係になにごとも「男性」が「女性」より優位に置かれたので、女の子は苦しい人生を歩んだ。

戦時体制への動員

戦局が悪化すると、学校での学びは二の次となり、戦時体制に動員された。子どもは生命の危険と隣りあわせで過ごすことになった。一九四四年七月、サイパン島がアメリカ軍に陥落。八月にテニアン島も陥落した。これらマリアナ諸島を出撃基地にすればB29戦略爆撃機は日本への本格的な空襲が可能となる。そこで本土空襲を想定した戦時体制は強化される。その一環である学童集団疎開は一九四四年八月に始まるが、これは「子どもの命が大切だから守る」ためではない。空襲がひどくなった時に、子どもが防火活動の足手まといにならないようにというのが一つの目的である。そして最大の目的は、次代の皇軍（日本軍）を存続させるためであった。子どもが死んでしまっては将来の軍人となる男性、軍人を生む女性がいなくなる。つまり、子どもたちは天皇の軍隊のために生かされたのであった。

だから、将来、皇軍の一員になれない、皇軍の一員を出生できないと考えられた子どもたちは、なかなか学童疎開の対象とはされなかった。たとえば肢体不自由などの障がい児である。養護学校では、毒薬を渡されて「いざとなったらこれで」といわれた教師たちもいた（問25参照）。

長野県千曲《ちくま》市戸倉上山田《とぐらかみやまだ》温泉の上山田ホテルに「信濃路《しなのじ》はるか」の碑が建ったのは二〇一七年のことである。東京市立光明《こうめい》学校（現東京都立光明学園）の子どもたちも疎開先が割り当てられなかった。そこで教師たちが全国を探し回り、学童疎開の受け入れを上山田ホテルが認めてくれた。碑は当時の学校関係者がその御礼の意味も込めて建てたものである。

子どもはおとなの価値観の変化をみていた

戦争に向かっていく時代、人々の思想が軍国主義・超国家主義に統一されていった。おとなは時に抵抗し、時にすすんでそれに従った。教師のなかでもごく一部には、子どもの成長発達を第一に考え、子どもの生命をまもり、主体的な生き方を尊重する者もいた。前述の光明学校の教師たちはその例である。

授業でも子どもが自由に書いた作文を教材にして読みあい、その自由な発想や表現を尊重しながら、彼らの生活を読み解き、社会の矛盾を学びあう者もあった。子どもはそこから社会を見つめ、自らの人生を考えた（生活綴《つづりかた》方教育）。しかし、自由・平等・民主主義・平和などの思想が弾圧されていくなかで、そのような教師たちも教壇を追われ、あるいは転向を余儀なくされた。子どもたちはそういう状況を目の前でみることになった。思想を変えさせられるおとな、思想を変えていくおとなや社会をみて、そこからも人生を学んでいたのである。

日本は、一九四五年八月一四日にポツダム宣言受諾、九月二日に降伏文書の調印をする。戦後もまた思想を変えていくおとなたちに子どもは戸惑った。たとえば一九四五年一〇月二二日、連合国軍総司令部は「日本教育制度ニ対スル管理政策」を指令し、学校から軍国主義・超国家主義的なものを排除すべしといった。いわゆる「墨塗り教科書」の墨を塗ったのはこの指令によるものである。子どもたちにとってこの作業は大きな衝撃であった。

入学した時から、教科書は最も大切なものと教わっていたのに「何ページの何行目から何行目までを塗りつぶしなさい。何ページの写真と絵を塗りつぶしなさい」と、指示された。私たちは訳が分からないままに、墨でべたべたと塗りつぶした（野崎耕二『今こそ伝えたい 子どもたちの戦中・戦後』）

もう一つ確認すべきは、一九四七年四月一日より学校教育法が施行されて国民学校は廃止される。つまり、敗戦によって即座に一八〇度の変更があったわけではなかったのである。焼夷弾《しょういだん》で命を奪われる危険はなくなった。教師たちも以前よりはやさしくなったともいう。しかし、子どもの人権は未確立のままで、焼け跡のなか貧困に苦しむ子どもたちもいた。戦争孤児はその一例である。また家父長制は残存し、家のなかで家長の命を聞くことに大きな変化はなかった。一九四七年に日本国憲法が施行され、五一年には「児童は、人として尊ばれる」と明記された児童憲章が制定された。こうして少しずつ子どもの主体性や権利が社会のなかで認識されていくのである。

植民地下・占領下の子どもたち

戦時下の子どもの人生を考える時、日本に植民地や占領地とされた地域のこともとりあげなければならない。各地で子どもの「同化」「皇民化」が進められている。それぞれの地域の支配状況に応じて様相は異なり、本来個々の地域についてとりあげて検証すべきだが、朝鮮と南洋諸島（現在のミクロネシア連邦・マーシャル諸島・パラオなど）の二つの地域についてしかふれられないことをご容赦いただきたい。

朝鮮は一九一〇年に日本が併合する。それ以前から帝国日本は教育に介入していたが、本格化するのは朝鮮教育令（一九一一年）からである。教育勅語に基づき「忠良ナル国民」となること、「国語」の習得を朝鮮人に求めた。一九二九年生まれの詩人・金時鐘《キムシジョン》は済州島《チェジュ》で小学校に通っていた。

途中から朝鮮語の科目が消え、会話も禁じられた。「普段はとても優しい」日本人の教師は朝鮮語を使った子どもを竹のムチでたたいたという。「私は先生の言いつけをよく守る生徒だったので、朝鮮語を使う友だちは駄目だなと思っていた」が、金さん自身も日本語の使い方を誤ったことで校長から激しく殴られたことがある。「でも、私は一つも恨みがましいと思いませんでした。『天皇陛下の赤子になるためのお仕置きをいま私は受けたんだ』と思ったくらいです（『朝日新聞』二〇二一年八月七日）

南洋諸島は、第一次世界大戦後に日本の統治下に入った。日本国民とは別の教育体系であったが、一九一五年より修《しゅう》身《しん》・国語などを教える小学校規則がつくられている。三九年、パラオ支庁管内校長会議で南洋庁内務部長は次のように述べている。

今や島民は我が皇民である、陛下の赤子である、臣民であるといふ考を以つて相共に進む迄に育てるといふ精神を以つて臨まなければならない

植民地・占領地の子どもでも、日本の子どもと同じように赤子とされた。彼らは、ことばを奪われ、文化を奪われ、土地も奪われうえに、人生を選択する自由も奪われたのである。

（久保田　貢）

〔参考文献〕野崎耕二『今こそ伝えたい　子どもたちの戦中・戦後』（日賀出版社、二〇一五年）、崔誠姫「総論に代えて―朝鮮の家事・裁縫教育―」（『歴史評論』八五七、二〇二一年）、小林茂子「南洋庁にみる現地児童の公学校教育―時期の異なる「学校要覧」を手がかりに―」（『歴史評論』同前）

問3 戦争体験者としての子どもの数について教えてください

二〇二二年は、一九四五年八月一五日を基点にみれば戦後七七年を迎えているが、戦前を明治維新の一八六八年一〇月から敗戦までを戦前と考えれば、同じく七七年を数えることになる。二〇二二年という年は「戦前」と「戦後」が七七年と同じ長さになった年である。

戦争体験者としての子どもの数は、①三年八ヵ月の太平洋戦争期間に生きた子どもの数を母数に、②子どもの年齢は一五歳までとし、③国民学校・地域での軍事訓練、学童集団疎開、兵器工場での労働、食物確保のための農業労働、満蒙開拓団などの移民、戦争は終わったが戦後の戦争孤児・「浮浪児」としての体験など、さまざまな子どもの現実を集約する必要がある。

さまざまな戦争体験

①②を踏まえて、太平洋戦争期間における子どもの数は、敗戦前年の一九四四年の人口推計（五歳階級）を参考に（一九四一～四三年には年齢別の推計は実施されていない）、一～一五歳（数え年）では、二六二〇・一万人（総人口の三五・九％）を数えている。これが戦争の時代を生きた体験者としての子どもの数の公的な統計である。

ただし、戦争体験は多様である。戦争体験者として具体的な体験を次にあげる。

国民学校初等科三年生以上の全員疎開と一・二年生の縁故疎開・集団疎開を強力に推進し、全国で約六〇万人が疎開したと推定されている（全国疎開学童連絡協議会調べ）。また、戦後の戦争孤児調査（厚生省、一九四八年）では、一二万三五一一人を数えている。

学徒勤労動員は、一九四四年八月の学徒勤労令により法的に追認、さらに戦争末期の四五年三月には決戦教育措置要綱により、国民学校初等科以外の生徒・学生の授業が停止され、学徒勤労総動員体制がとられたのだった。また、子どもたちは戦勝祈願や戦没兵士の慰霊の行事に動員されることも多くなった。さらに軍国主義教育が徹底されるなかで徴兵年齢に

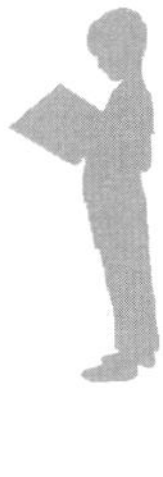

太平洋戦争の戦争体験者と非体験者の比率動向（単位：千人）

調査年	1940年	1944年	1964年	1980年	2000年	2021年
総人口	71,933	73,064	97,186	117,060	126,926	125,633
戦争非体験者数 総人口比率（%） （戦争の記憶がほとんどない，満年齢）		0～5歳 8,712 11.9%	0～19歳 35,951 37.0%	0～34歳 63,473 54.2%	0～54歳 88,386 69.6%	0～74歳 107,040 85.2%
戦争体験者（数え年） ①生年から体験者に含む	71,933	6～86歳以上 64352 88.1%	20～85歳以上 61,235 63.0%	35～90歳以上 53,473 45.7%	55～90歳以上 38,541 30.4%	75～100歳以上 18,595 14.8%
②敗戦時に10歳以上で算出			30～85歳以上 43,634 44.9%	45～90歳以上 36,037 30.8%	65～90歳以上 22,041 17.4%	85～100歳以上 6,373 5.1%

注）総務省統計局「人口推計　年齢別」各年10月1日現在．2021年だけ8月現在の確定値．

単位未満は四捨五入してあるため，合計の数字と内訳の計が一致しない場合がある．

戦争体験者とは，国が戦争状態にあることで，兵士になった人，直接的に戦場での戦闘を経験した人だけではなく戦争による暮らしの変化や戦争推進文化の影響を強く受けている生活体験者のことをいう．8～10歳では多くの戦争体験を記憶していると考えている．

戦争体験者については，①生年から体験者としてカウントする場合と，②統計上の年齢の対象区分によって，敗戦時に8～10歳以上で算出する場合との2通りの数値を示した．


達しない少年たちのなかには少年航空兵や少年戦車兵などの養成学校に志願する者が少なくなかった。こうして多くの子どもたちが戦争推進体制の歯車として使われ〝廃棄〟されることになった。

戦争体験者と非体験者の割合の変化

戦争体験者とは、戦争を実際に体験することで一定の戦争に関わる体験記憶を持っている人のことをいう。別の言い方をすれば、戦争体験を語ることができる可能性を持っている世代の人たちである。戦争体験には、軍隊体験、戦場・戦闘体験を持った人たち（徴兵年齢は二〇歳だったが、一九四三年に一九歳に、四四年には一七歳に引き下げられた）など、加害の戦争体験をすることになった人たちもいる。なお、当時の国民学校（小学校）を出て、そのまま「少年兵」として軍学校（大別すると軍人を補充するための養成教育を目的とした学校と、高度な知識と技能を教育する学校があり、戦前には陸軍と海軍にあった）に進んだ人も含まれる。沖縄では「護郷隊」（多くが一四～一八歳の沖縄の少年たち）として志願をさせられたケースもある。

また戦争体験には、戦禍に巻き込まれ空襲などの被害の体験をした人たちが少なくない。また、学校での軍事教練の体験も戦争体験ということができる。さらに入隊する人の壮行式に動員され、日の丸の旗を振って送り出した行為も戦争にかかわった体験ということができよう。戦争の被害者である子どもたちもまた、戦争推進の役割を担わされてきたことも事実である。

そうした子どもたちは、だいたい八～一〇歳程度（小学校中・高学年）になれば戦争の記憶が蓄積され、語ることができる年齢であると考えてよいだろう。

表に示しているように、戦争体験者は、統計上は敗戦前年の一九四四年一〇月現在では当時の総人口の八八・一％である。これは戦時に出生しているという数字であって、けっして戦争の体験記憶があるということではないことによる。したがってこの年の調査に関しては、〇～五歳未満の子どもたちは戦争非体験者としてカウントしている。戦争体験者数は一九四五年八月以降確実に減少していくことになるが、戦後においても、空襲被害後の戦争孤児や「浮浪児」、さらに移民政策のもとで海外に渡った家族とその子どもたちが息絶え絶えのなかで帰国することとなった。こうした体験は、戦時状況と同様の貧困状態といのちの危機に晒されていたのが実際であった。

戦後二〇年あまりが経過した一九六四年の戦争体験者比では六三・〇％、八〇年では四五・七％、二〇〇〇年には三〇・四％、二一年八月現在では一四・八％となっている。

二〇二二年一月現在、日本の総人口は一億二五四四万人で、敗戦時八歳以上だった現在八五歳以上の人口の総計は六四四万人となっている（総務省統計局「人口推計」、二〇二二年一月報）。総人口に占める割合は、五・一％（男性三・四％、女性六・八％）であり、五年後には約二％になることが予想される。

そうした現実を考えると、戦争の記憶の継承は、実際に戦争の加害体験を語ることはもちろんのこと、被害体験を語ることができる人も急速に少なくなっている。戦争体験世代からの直接的な継承によるだけでなく、戦争非体験世代が戦場と暮らしにおける戦争体験をどのように継承していくことができるのかを模索し続ける責任を私たちが果たしていくことが求められているといえよう。

（浅井春夫）

〔参考文献〕浅井春夫・川満彰編『戦争孤児たちの戦後史1 総論編』（吉川弘文館、二〇二〇年）、平井美津子・本庄豊編『同2 西日本編』（吉川弘文館、二〇二〇年）、浅井春夫・水野喜代志編『同3 東日本・満洲編』（吉川弘文館、二〇二一年）、一條三子『学童集団疎開』（岩波書店、二〇一七年）、成田龍一『「戦争体験」の戦後史』（岩波書店、二〇一〇年）、日本の空襲編集委員会『日本の空襲（全一〇巻）』（三省堂、一九八〇～八一年）、吉田裕『兵士たちの戦後史』（岩波書店、二〇一一年）

問 4

教科書で描かれている戦争孤児について教えてください

義務教育段階の社会科教科書の孤児に関する記述は、①引《ひき》揚《あげ》孤児、②中国残留孤児、③疎開孤児、④分類されていない孤児の大きく四つに分けられる。教科書出版の会社において小学校では一社、中学校では全社で中国残留孤児（中国残留日本人孤児）の説明が本文中にあり、戦後の困難さについて一定程度の紹介がある。しかし引揚孤児や疎開孤児／学童孤児、空襲孤児の用語の使い方は曖昧であり、敗戦後の生活の誰もが厳しい状況のなかの一つの例として位置づけられている。教育現場では教科書検定や教科書採択があるものの、地域や学校の実態に応じて学習内容は教員が編成できる。よって戦争孤児の実数や当時の児童福祉政策、そして戦争孤児がどのような暮らしを強いられ、どのような人権侵害に値するかを多角的に学び、考えるといった本来の意味での「社会的事象の見方・考え方」を育む学習は可能である。

小学校社会教科書の戦争孤児記述

ここでは最も新しい二〇二二年度（令和四年度）の義務教育段階の社会科教科書に、戦争孤児がどのように記述されているかを概説したい。その際に、本文か注かの別は明確にしたい。

小学校では、戦争孤児に関わる記述は小学校第六学年の教科書から登場する。最新版では社会科教科書は、全三社で三冊が発行されている。孤児に関する記述は、①引揚孤児、②中国残留孤児（中国残留日本人孤児）、③疎開孤児、④分類されていない孤児の大きく四つに分けられる。三社とも満州《まんしゅう》への移住に関する記述があり、恐慌《きょうこう》による失業対策などから「一部の軍人や政治家」によって移住が景気回復につながるという考えが広められたとの解説がある。戦後の引揚の記述で①②が登場する。①は「引揚孤児」という言葉自体は使用されていないものの、注の写真「満州からひきあげてきた子どもたち」の説明として、「右の女の子は、家族の遺骨を首から下げています」と加えられている。また、別の一社では同じ写真を使い、「大陸からひきあげてきた子どもたち」と

いうタイトルで、引揚の過程で孤児が生み出されたことがわかる記述となっている（左図参照）。

次に②中国残留孤児は、一社のみ「満州で肉親と別れて中国人に育てられることになった人（中国残留孤児）」と説明が本文にある。太田満によると小学校教科書で中国残留孤児が取り上げられたのは一九九〇年代に入ってからであり、背景としての満洲移民や満洲開拓は二〇〇〇年以降であるとしている。

続いて①と同様に、③「疎開孤児」も具体的な用語として登場していない。戦争によって人々の暮らしが変わったことの説明で、集団疎開が登場する。一社では、疎開先に向かう途中で砲撃にあった対馬《つしま》丸《まる》の事件にふれており、具体的な数値は明らかではないとしつつも、「疎開者（児童）」七八〇人が犠牲となったと記されている。また、二社では疎開先での暮らしの詳細（食事など）が体験者の証言とともに紹介されている。一社で「空襲をさけて集団で疎開していた当時の小学生たちは、戦争が終わって、もといた所に帰ってきたのだろうか」との問いかけがある。

最後に④「分類されていない孤児」は、「親をなくした子どもたちが、駅前でくつみがきなどをする姿も見られました」や「戦争で親をなくして孤児となった子どももたくさんいました」といった記述が三社である。うち二社が注に靴磨きをする子どもの写真を掲載している（次頁図参照）。

三社とも戦争によって生み出された被害の一つとして断片的にふれられており、用語そのものが具体的とは言い難い解説となっている。ただ共通して、戦争体験者への聴き書き調査や体験者の手記、資料館を使用した調べ方が紹介されている。これは学習指導要領解説に「学校図書館や公共図書館、博物館や資料館など」の利用や「地域の高齢者に当時の話を聞いたりする活動」を取り入れ、子どもが自ら「資料を活用したり調査したりする学習」が考えられるという記述があることによる。教員がいかにこのテーマを深く理解し、子どもの学びを深められるよう支援できるかが問われるといえよう。

中学校社会（歴史的分野）教科書の戦争孤児記述

中学校（全七社、九冊）も小学校と同様に四つに分けられる。①「引揚孤児」は六社で用語はないが、説明からわかる記述がある。例えば「大陸から引きあげてきた子どもたち」

満洲から引き揚げてきた子どもたち（朝日新聞社提供）

靴磨きをする孤児（朝日新聞社提供）

として写真の説明に「戦争で多くの子どもたちが両親を失い、満州や朝鮮からも、大勢の子どもたちが帰国しました。こうした子どもたちが、新しい日本を創っていきました」とあり、前頁図の写真が紹介され、「女の子が首から下げているのは何だろう」との吹き出しが添えられている。

②「中国残留孤児」の記載は全社の本文にある。太田満によると、中学校教科書では一九五〇年から満洲の開拓や引揚者の様子が記述され、八七年から引揚孤児の写真と記述（注）が登場している。二〇一二年からは引揚孤児や残留日本人孤児が本文や注に記されている。

中国残留孤児は、一社で「孤児たちの肉親さがし」の項目が一九八〇年から取り入れられ、二五〇〇人が永住帰国したが、「言語、生活習慣、仕事など多くの困難をかかえている」ことが記されている。また別の一社では、一九八二年の「日本の家族との再会を喜ぶ残留孤児」が写真とともに注に紹介されている。

また全社で学童疎開／集団疎開の記載があるが、③「疎開孤児」の記載があるのは二社である。これも明確な用語を使用しての説明ではない。一社で、本文に「疎開先の子どもたちは、空襲で自分の家が焼かれ、家族が焼死したことを、疎開先で知らされました」とあり、注の写真に「疎開先での供養／空襲で焼け死んだ両親の供養塔」（「東京都城東《じょうとう》区第二亀《かめ》戸《いど》校父兄姉妹戦災志望者各々精霊供養」と書かれている）が紹介されている。また別の一社では「疎開のあいだに、都会に残った家族を空襲で失った子どももたくさん」いたことが本文にあり、戦争孤児を記録する会編『焼け跡の子どもたち』（一九九七年）から米川琴さんの証言が引用されている。

④「分類がされていない孤児」は四社がふれている。いずれも敗戦後の生活の説明のなかに「戦災で親を亡くした孤児があふれて」いる様子や、駅や地下鉄で雨露をしのぐ人々に「空襲で肉親をすべて失った子どもたち（戦災孤児）も混じって」いるという表記で登場する。

中学校では小学校以上に戦争孤児の証言や手記などが紹介されている（小倉勇さん・米川琴さん・星野光世さん・藤原ていさんほか）。また、七社で調べ学習が設定されている。

中学校も小学校と同様に記述が断片的であるが、中国残留日本人孤児は本文中に説明があり、その後の困難さも一部ではあるものの紹介がある。その他の戦争孤児は、その用語は曖昧であり、敗戦後の生活の誰もが厳しい状況のなかの一つの例として孤児が位置づけられているという特徴がある。

戦争孤児の実数（いずれも調査原簿の所在が不明だが、約一二万人とされている）や、孤児に対して児童福祉政策がどのようなものであったか、戦争孤児が実際にどのような暮らしを強いられたか、それがどのような人権侵害に値するかを考える学習が求められるのではないか。

教科書が子どもたちの手に届くまで

教科書は文科省が制定した学習指導要領に基づいて、各教科書会社によって作成される。内容はそれぞれの出版社ならびに執筆者や協力者らのスタンスによって異なるものの、文部科学省による教科書検定に合格した教科書のみが、小学校・中学校・高等学校・特別支援学校で使われる。よって実際のところ、教科書の執筆にあたっては学習指導要領ならびに学習指導要領解説（以下、解説）が重視されている。学習指導要領や解説には、文言として戦争孤児は登場しない。小学校では「社会的事象の見方・考え方を働かせ」るために、「戦争はどのように広がったたか、人々の暮らしはどのように変わったか」などの問いを設け、「戦争の長期化や戦線の拡大に伴う国民生活への影響、各地への空襲、沖縄戦、広島・長崎への原子爆弾の投下などにより国民が受けた大きな被害」を調べることと記されている。さらに「我が国の政治や国民生活が大きく変わったことや、我が国が国際社会において果たしてきた役割を考え、文章で記述したり説明」できることを目指している。

中学校社会（歴史的分野）では小学校の「社会的事象の見方・考え方」をさらに発展させ、「社会的事象の歴史的な見方・考え方」として「社会的事象を時期、推移などに着目して捉え、類似や差異などを明確にしたり事象同士を因果関係などで関連付けたり」して働かせることを重視している。

教科書は各学校単位で選ばれる（「採択」される）が、公立の場合は教育委員会が、国立や私立の場合は学校長にその権限がある。こうした道のりを経て、子どもたちの手に各教科の教科書が一冊ずつ届く。学校では教員が教科書どおりに教えることが決められているのではない。学習指導要領はあくまでも教員が編成する教育課程（カリキュラム）の大綱的な基準であり、地域や学校の実態に応じた編成が可能である。

（艮　香織）

〔参考文献〕太田満『中国・サハリン残留日本人の歴史と体験―北東アジアの過去と現在を次世代に伝えるために―』（明石書店、二〇二〇年）

5 問 戦争の記憶をどのように継承すればよいでしょうか

終戦時に一二歳だった子どもが八九歳になろうとしている今。体験を持たない者だけが記憶の伝え手となる時代を目の前にしている。戦争体験の継承のしかたやその意味を、改めて考えたい。

死ぬことに生きろ

終戦から七四年目の夏、新聞の読者欄に「戦争体験 語るのは恥ではない」という投稿が載った（『朝日新聞』二〇一九年八月一四日）。一九四五年六月二九日の岡山空襲を小学四年生で体験した男性は、今までは見たことだけを淡々と話し、「一番怖かったことにふれてこなかった」という。

三歳と一歳の弟ふたりを連れて庭の防空壕に入った時のこと、爆弾の落ちる音と地響きが遠くからだんだん大きくなってくる。迫りくる爆音に「次はここでは」という恐怖心は生涯で最大だったにもかかわらず、この時の気持ちをずっと語ってこなかった。理由は「恐怖やつらさを口にするのはその人が弱いからだという戦中の教育の結果」や「つらい気持ちをぐっとこらえる日本男児の精神がしみ込んで」いたからではと振り返る。恐怖を語ることは恥ではない、いまこそ「語れなくされていた呪縛を解かなければ」と結んだ。では、それはどのような呪縛だったのだろう。

戦時下の国民学校の卒業アルバムに残る、ある校長の祝辞は象徴的である。

私は「強く生きよ、最後まで頑張れ」更に又「征《ゆ》け、戦え、死ね」この二語を餞《はなむけ》として皆さんの門出を勇ましくも送り且つ記念写真に添える言葉と致します。（京都市本能《ほんのう》国民学校長、一九四三年三月）

卒業生に対し、迷わず殺し戦って「死ね」と激励する時代があったのである。戦時教育がどれほどのものか想像される。

一九四三年一〇月に東京の神宮外苑《じんぐうがいえん》で行われた出陣学徒壮行会では、東条英機《とうじょうひでき》首相が「（学徒動員は）諸君が悠久《ゆうきゅう》の大義に生きる唯一の道」と訓示した。一九四五年六月、沖縄戦の最終盤でも牛島満《うしじまみつる》司令官が「生きて虜囚《りょしゅう》の辱《はずかし》めを受くる

ことなく、悠久の大義に生くるべし」との言葉を残して自決する。これは「天皇を中心とした国家体制（国体）のために戦って死ね」という意味だが、しかしそれを「生きろ」という。死を生きろというのである。

沖縄戦で少年ゲリラ兵として最前線に立たされた当時一六歳の瑞慶山良光さんは、爆雷を抱えて体ごと敵戦車に突っ込む「特攻隊」に任命された時の気持ちを語る。

弾当たって、苦しんで死ぬわけではないからと思っていた。いっぺんに吹っ飛ぶから、あっという間に、分かんないうちに亡くなるから。別に苦しむ訳ではないから。ただ生まれなかったと思ったら、それでいいんじゃないかと。（ＮＨＫスペシャル取材班『僕は少年ゲリラ兵だった』）

怖いと感じるのは心の弱さだと責め立て、死は美しく尊いものだ恐れるな、強くあれと、狂気のなかで受け入れさせる。生きることをあきらめさせ、結果、生まれてきたことや自身の存在さえ否定できる子どもにさせられていったのである。

おとなたちの責任を問う

敗戦後、深い悲しみのなかにいた国民にとって希望の光となる新しい憲法が、一九四七年五月三日に施行された。基本的人権の尊重はつまり、子どもたちをはじめ、人々に悲しいことを悲しい、怖いことを怖いといってよい自由を保障したものだった。戦争の放棄は、全国の中学生に配られた『あたらしい憲法のはなし』（一九四七年）のなかで、「日本は正しいことを、ほかの国よりさきに行ったのです。世の中に、正しいことぐらい強いものはありません」と伝えられた。二〇〇〇万人余の犠牲を強いたアジア諸国に対する、戦後日本の方針を表明するものでもあった。

藤井忠俊は「戦後にあって、戦争による別れの追憶こそ、平和願望の潜在意識にほかならない」と書いたが、戦争で三一〇万人の国民を失った日本は、その膨大な別れの記憶を地下経脈としながら、平和に生きる模索を続けることになる。

戦時下の一九四四年八月に起きた対馬丸《つしままる》撃沈事件。国民学校四年生だった平良啓子さんは、自分と一緒にどうしても疎開に行きたいと対馬丸に乗り亡くなってしまった同学年のいとこ宮城時子さんについて、その母親と対面した時の情景が忘れられない。

時子のお母さんは、私の顔も見ず、下を向いて泣いていた。どんなにか悲しみをこらえていたことだろう。もし、私が疎開しなければ、時子は生きていたかもしれない。時子は、わたしが殺したようなものだ。（平良啓子『海鳴りのレクイエム』）

啓子さんは戦後教員になり、対馬丸事件のような悲しみを二度と子どもに味わわせたくないと体験を語り続けてきた。教職を退いた後も講演活動は続くが、それはいつも戦争につながるあらゆる物事を拒む行動とつながっていた。近年は沖縄県名護《なご》市辺野古《へのこ》の新基地建設反対運動に参加している。おとなになった今、「あのときの国民は、何で黙っていたのか」という思いが常にあるからだ（二〇一四年五月三日憲法記念日の講演）。戦争体験は過去に置き去りにされるのではなく体験者の暮らしとともにあり、死者の存在を感じながら、折にふれ今日の自分を照らし返す存在だったのではないか。

対馬丸事件を世に知らしめた作家大城立裕はいう。

（対馬丸事件における学童の）犠牲を見つめることは、親の責任を見すえることであり、その親を導いた国の責任を問うことになる。歴史を見とおすこころでいえば、おとなの責任を永遠に問うことである。私たちは、それに耐えられるだろうか。（大城立裕『対馬丸』）

子どもが戦争を体験するにいたった責任はおとなに、ひいてはその国の為政者にあり、事件の歴史的・構造的な意味を明らかにしなければならないのだと。

しかしあの時代のおとなはすでに亡く、戦争を体験した子どもさえ少なくなりつつある。体験のない者だけの時代で、いかに戦争の実相をつかみ教訓化することができるだろうか。

新しく生きる

沖縄戦で四歳と三歳の二人の娘を連れて戦場をさまよった母親は「戦争は経験した人にしかわからない。でも、経験してからでは遅い。どんなことがあっても、また戦争を起こしてはならない」（『（北谷町）戦時体験記録』一九九五年）と地域の証言集に体験を寄せている。

記録された体験は、文字や映像、音声として残されてきた。広島・長崎・東京・沖縄などでは「体験画」という形で言葉とともに体験者の見た景色が残されてきた。体験者のいない世界が訪れた時、これらが私たちの寄って立つ第一級史料となることはいうまでもない。では語られなかった、描かれなかった体験はどうなるのか。ましてや戦死者からは、その声すら聞けないままなのだ。

大城将保は、証言を記録し続けた経験を次のように語る。

すごい戦場体験をした人に話を聞いていくでしょ。でもだんだんだん核心部分に入っていくと、真ん中が空白に、大きな穴があいちゃう。沈黙しかない。まったく極限状態というのは、そういうものなんだと。すると今度は僕、文学者の立場から、芝居でも演劇でも、それを組み立てていくんだ。想像力でしか補えない境地という

のがあるから。（二〇〇八年筆者聴き取り）

大城は嶋津与志の筆名で沖縄戦を題材とした多くの小説・戯曲・映画・舞台の脚本を生み出してきた。体験者が語りえない極限の体験を、非体験者である「僕らが埋めていかなければ」、戦場の実態は共有できないかもしれない。語りえない体験にこそ、戦場の実相が隠れていることもある。創作活動を通して、大城は沖縄戦を追体験することになった。

広島市の高校生たちが二〇〇七年から取り組んでいる「原爆の絵」の製作は、被爆の追体験そのものである。被爆者の壮絶な人生を受け止めて再現する作業を通して、戦争を知らない世代が被爆体験に真正面から向き合う。

河原を逃げる人や傷ついた人たちのことを、想像すればするほど苦しくなってしまって。一人ひとりを想像して描いていたら、なんか頭の中で妄想っていうか想像がどんどんどんどん広がっていって（中略）自分で想像しておきながら自分で悲しくなってるみたいな。自分ってなんで原爆の絵をかいているんだろうって思いながら。

（NHK「あの夏を描く」二〇一九年）

高校生は苦悩する。体験者の見た景色のなかに身を置くと同時に、体験者の見たものや思いをこの絵に忠実に反映させたいと願うからである。体験者の苦しみを自分のものと感じ、ともにあろうとする姿勢こそが、理性や感性を通して戦争体験が吸収され、非体験者の血肉に換えられていくのではないか。その先に、新たな伝え手としての道が開かれていく。

君塚仁彦（博物館学、社会教育学）は、「負の記憶を継承していくということは、一人一人の新たな生き方を模索することではないか」と語る（二〇二一年、沖縄愛楽園交流会館企画展ギャラリートーク）。君塚は近年、継承とは何かを考え続け、沖縄や東アジアを含むさまざまな「記憶の場」を何回も訪ねてきた。そうすると、自分自身がゆっくりゆっくり変わっていく。そのことを自覚していく。そして「新しい自分を生きる」、そんな言葉が浮かんできたのだと。

多くの別れ、痛みや自己の存在否定を余儀なくされる時代が確かにあった。あの経験を忘れ去っていいのか。命を奪い、尊厳を奪うことを第一の目的とする戦争を根絶するまで、継承の方法は模索され続ける。継承をあきらめない姿勢はきっと、新たな戦争への抑止につながるはずである。（吉川由紀）

〔参考文献〕大城立裕『対馬丸』（理論社、一九八二年）、平良啓子『海鳴りのレクイエム』（民衆社、一九八四年）、藤井忠俊『国防婦人会―日の丸とカッポウ着―』（岩波書店、一九八五年）、NHKスペシャル取材班『僕は少年ゲリラ兵だった 陸軍中野学校が作った沖縄秘密部隊』（新潮社、二〇一六年）

問6 マスメディアは太平洋戦争にどのようにかかわりましたか

太平洋戦争当時の主要マスメディアといえば新聞とラジオである。ここでは新聞が戦争をどう報じたかを概観する。一言でいえば、当時の新聞は政府の広報紙であった。

「悪いのは中国と米英」

一九四一年一二月八日、日本は米英などとの戦争を始めた。この時、昭和天皇による「開戦の詔勅《しょうちょく》」が出されている。かいつまんでいえば、「悪いのは中国であり日本ではない。日本は東アジアの安定のために努力してきた。その中国を支援する米英はアジアを支配しようとして、日本の存立を難しくしている。もはや立ち上がって戦うしかない」ということである。

事実はどうか。中国政府が日本に軍隊を派遣したわけではない。その逆である。日本が中国侵略を続けた結果、米英ことにアメリカは厳しい制裁を課してきた。さらにこの「詔勅」には直接記されていないが、日本は一九四〇年に北部仏《ふつ》印《いん》（現在のベトナム）に進駐（軍隊を送ること）し、翌年には南部仏印にも進駐した。

当時の仏印はフランスの植民地だったが、そのフランスはナチスドイツに降伏しドイツに占領されていた。つまり植民地を支配するはずの国がなくなっていたのである。日本は火事場泥棒のように仏印に進んだ。米英の警戒心はさらに強まった。そこで、アメリカは石油の禁輸に踏み切った。

つまり、日本は日中戦争以来、みずからの選択によって国際的孤立を深めていたのである。「詔勅」にその認識はない。そして、『東京日日新聞《とうきょうにちにちしんぶん》』（毎日新聞の前身）など新聞各紙は、この「詔勅」をそのまま大きく掲載した。

そして一九四一年一二月八日、日本海軍の機動部隊（航空母艦を基幹とした艦隊。空母から発進した航空機が魚雷や爆弾などにより相手を攻撃する）がハワイ・真珠湾《しんじゅわん》を奇襲して米太平洋艦隊に壊滅的な被害を与えた。陸軍はマレー半島に上陸し、東南アジアの英軍を追い詰める拠点を確保した。

日本政府の首脳は米英などとの戦争を始めたものの、国力

で圧倒的に勝るアメリカを単独で降伏させることができないことは自覚していた。では、どうやって戦争を終わらせるつもりだったのか。

蜃気楼のような終戦構想を報道できず

一般にはあまり知られていないが、開戦直前の一九四一年一一月一五日、大本営《だいほんえい》政府連絡会議で、その「終戦構想」が確認されていた。同会議は首相や外相など内閣の主要閣僚と、陸海軍のトップらが集まり国策を検討する会議である。対米英開戦前、ここで戦争構想が話し合われた。概略を述べれば、①同盟国であるナチスドイツ・イタリアと連携してイギリスを屈服させる、②それによってアメリカが戦意を失い、講和に持ち込むというものであった。

一九三九年の開戦以来、ドイツは欧州全域で優勢であった。フランスやオランダを降伏に追い込み、イギリスも大陸から撤退し本国で抗戦していた。ドイツは英本土上陸を目指していた。しかし、ドイツの海軍力ではそれは極めて困難であった。仮に一時上陸に成功しても、補給を続けることはさらに難しかった。実際、前記の連絡会議の時点では英本土上陸はあきらめていた。

万が一イギリスが屈服したとしても、それをもってアメリカが戦意を失う保証はまったくない。かえって「自分たちこそが自由主義の最後の砦。全体主義と戦う」と戦意を燃やすかもしれない。

つまり、大日本帝国の為政者たちは、願望（英国屈服のうえ、米国が戦意喪失）を重ねた「終戦構想」で戦争を始めたのである。新聞ジャーナリズムは、こうした政府のいいかげんな「構想」こそを探知し、広く国民に知らせるべきであった。しかし、それはできなかった。

兵糧攻めと弾圧で「広報」を強要

新聞が、太平洋戦争開戦によっていきなり「政府の広報紙」になったわけではない。明治以来、政府はさまざまな手段で言論の自由を圧殺してきた。さらに「兵糧攻め」も行い、メディア統制を進めた。

たとえば日中戦争が始まった翌年の一九三八年、国家総動員法が成立し、新聞用紙制限令で新聞の頁数削減が始まった。主な全国紙は一九三六年時点で朝夕刊計二〇頁だったが、一九四一年四月には一〇頁に減った。一九四四年三月には夕刊が廃止された。朝刊はたった一枚、裏表の二頁だけになった。地方紙も「一県一紙」の統合が進んだ。一九三八年当時七三九紙あった新聞は、四二年には五四紙にまで減った。

新聞社は私企業である。商品である新聞を売らなければ企業として立ちゆかない。またいくらいい取材をしても、それを記事にする紙がなければ商品化できない。新聞はその紙の供給の権限を政府に握られてしまったのである。そうしたなかで一九四一年一二月八日、日本は米英など連合国との戦争を始めた。緒戦は陸海軍とも優勢であり、新聞各紙は快進撃をこぞって報道した。根拠は「大本営発表」である。今日、大本営発表といえば「政府による、うそにまみれた広報」の代名詞として知られる。

大本営とは戦争時に設置されるもので、陸海軍のトップなどからなる天皇を助ける機関であり、国民への広報活動も担った。その大本営発表によれば、太平洋戦争中に日本軍は連合国軍の戦艦を四三隻、航空母艦を八四隻沈めたことになっている。実際はそれぞれ四隻と一一隻であった。

敗勢とともに虚報まみれに

それでも、日本軍が勝勢のころは極端な虚報は少なかった。戦況が悪化するにつれ、うそまみれの発表が増え、かつうそが大きくなっていった。たとえば西太平洋ソロモン諸島の、ガダルカナルの戦いである。一九四二年後半以降、米軍は体勢を整え反撃に出た。日米両軍はここで死闘を続け、日本軍は陸海軍とも多くの戦力を失った。補給が途絶え、餓死者が相次つぎ、ガ島＝餓島と呼ばれた。結局一九四三年二月はじめ一万人以上の兵士が撤退した。大本営はそれを「転進」と発表し、新聞はこれもそのまま報じた。「退く」と「進む」では見方が一八〇度違う。完全な虚報であった。

大本営発表をそのまま垂れ流し

さらに「虚報」が「進化」したのが、台湾沖航空戦である。一九四四年一〇月、米軍はフィリピン侵攻に先立ち、機動部隊が沖縄と台湾の日本軍基地を爆撃した。日本側は海軍がこの機動部隊を攻撃した。同月一四〜一六日、南九州・台湾・フィリピンの基地などから発進した航空部隊が米機動部隊を攻撃した。大本営はその「戦果」として「空母一一隻撃沈・八隻撃破、戦艦四隻を含む四五隻撃沈」と発表。新聞各紙はその「戦果」を大々的に報じた。

ところが、これは完全な虚報であった。日本軍は、敵の空母どころか小型艦船を含めて一隻も沈めることができなかった。一方で航空機三〇〇機以上を失った。惨敗であった。

国民生活に大きく影響する天気予報図は、「軍機」となり掲載できなくなった。主な記事をどこにどれくらいの大きさで掲載するか、見出しをどうするかなども、細部まで軍が決めていた。

太平洋戦争中、新聞が政府の広報紙でなかった数少ない例外が「竹槍《たけやり》事件」かもしれない。一九四四年二月二三日の毎日新聞朝刊一面に、「勝利か滅亡か 戦局はここまで来た」

「竹槍では間に合わぬ　飛行機だ、海洋航空機だ」との見出しと記事が掲載された。

明らかに悪化している戦況を踏まえて、海軍省担当記者の新名丈夫《しんみょうたけお》が、敵の銃器に竹槍で立ち向かうような精神論だけでは勝てないという趣旨の正論を執筆した。

陸軍と戦略物資の取り合いをしていた海軍は喜んだが、陸軍大臣を兼ねていた東条英機《とうじょうひでき》首相は激怒し、毎日新聞を廃刊にしようとした（政府内部の反対を受け断念）。陸軍は、三七歳で当時としては「老兵」で、しかも近眼で懲兵を免除されていた新名を懲罰召集し最前線に送ろうとしたが、海軍が報道班員に徴用し、これを阻んだ。

そして一九四五年八月一五日の敗戦を迎える。当日の『毎日新聞』朝刊一面は、昭和天皇の「詔書」の全文を掲載した。見出しは「聖断拝し大東亜《だいとうあ》戦争終結」「時局収拾に畏《かしこ》き詔書を賜ふ」「四国宣言を受託　万世の太平開かん」などとあり、「詔書」の内容を引き写したような記事である。

今日の「聖断」史観、すなわち「昭和天皇の決断で戦争が終わった、天皇に日本と国民は救われた」という歴史観に通じる記事である。実際は「国体護持」に執着するあまりにポツダム宣言受諾（降伏）の判断が遅れ、その間に二発の原爆投下があり、ソ連による満洲《まんしゅう》侵攻があって被害を拡大させたのである。しかし、新聞各紙はそうした史実にはまったくふれていない。最後まで政府の広報紙であった。

二度と広報紙にならないために

新聞が広報紙に堕落した背景には、当時は言論・思想の自由が保障されず、政府の施策に反するようなことを書いたら記者の生命が危うく、企業としての新聞社自体がつぶされてしまうという政府の恐怖政治があった。

なぜ、そのような恐怖政治がまかり通ったのか。どの時点ならそれを食い止めることができたのか。二度と広報紙にならないためにも、新聞ジャーナリズムはそれを検証する必要がある。

（栗原俊雄）

〔参考文献〕太平洋戦争研究会『太平洋戦争・主要戦闘事典』（PHP研究所、二〇〇五年）、栗原俊雄『戦後補償裁判―民間人たちの終わらない「戦争」―』（NHK出版、二〇一六年）

7 問

子どもたちはどのようにして戦争体制に組み込まれましたか

戦前の子どもたちは、平和な時を知らない。江戸時代が終わり明治政府になって以来、日清《にっしん》戦争・日露《にちろ》戦争・第一次世界大戦・第二次世界大戦と、戦争という名前がつくもの以外にも江華島《カンファド》事件・台湾出兵・シベリア出兵・満洲《まんしゅう》事変・上海事変など、生まれてこの方、子どもたちは戦争のなかで育ってきたといってよいだろう。戦争を遂行するためには、兵隊と銃後《じゅうご》を守る国民が必要となる。子どもたちは、子どもとしてではなく、未来の兵士とそれを支える国民として育てられていった。

国のために尽くす子どもをつくる教育

国のために尽くす子どもづくりは、富国強兵《ふこくきょうへい》策のうえで国民皆兵《かいへい》を推進するために欠くことのできない命題だった。

そのために政府が行ったことが、教育勅語の公布と学校への「御真影《ごしんえい》」の下賜《かし》だった。

「天皇のために命を捧げる」ことを臣民（天皇のしもべとなる民）の務めとした教育勅語は、学校教育のなかで儀式などを通して子どもたちに叩き込まれていった。

一方、繰り返す戦争で生み出される戦死者を政府は「靖国《やすくに》の神」として靖国神社に祀り、名誉の死として顕彰し、戦死した兵士の遺族となった子どもらを「靖国の子」「誉《ほま》れの子」と呼んだ。子どもらは肉親の死を悲しむことすら許されず、国家のために尽くした人の子どもとして健気にふるまうことが求められたのである。

国のために尽くす子どもをつくる重要な教科とされたのが「修身《しゅうしん》」だった。「修身」は科目のなかでトップに位置づけられ、教育勅語の趣旨に基づいて良心や特性、人の道を教えると規定された。「修身」では、教育勅語の精神を基本とした徳目を馴染み深い歴史上の人物や現代の偉人の言葉やエピソードを用いて教えた。

「修身」の教科書に靖国神社のことが初めて記述されたのが一九一一年で、その後四度にわたり改訂されているが、「ここにまつってある人々にならって、君のため国のために

尽くさなければなりません」という最後の文章は変わっていない。このことからも、天皇のため国家のために尽くす（命を差し出す）ことを国民（臣民）の務めとして子どもたちのなかに深く刻み込もうとしていたことが読み取れる。

一九四一年に登場した国民学校初等科二年の教科書『ヨイコドモ』の「十九　日本ノ国」では、「日本　ヨイ国、キヨイ国。世界ニ　一ツノ神ノ国。日本　ヨイ国、強イ国。世界ニ　カガヤク　エライ国。」と記述されるなど、日本の国が強く正しく世界に冠たる国であることを教え込んでいったことがわかる。

一九三七年の日中戦争開始以後は、国民精神総動員運動を開始し、翌三八年には国家総動員法を制定、資源も国民も議会の承認なしで動員できる総力戦体制に入った。長引く戦争に国民の戦意低下や厭戦《えんせん》の機運が高まることを防ぐため、徹底した国民支配が必要だったからである。一九四一年に国民学校が制定されたのも、国民の基礎的錬成《れんせい》（教育勅語の精神に基づいて皇室を支え、忠実な臣民になるよう鍛え上げる）を教育の目的とすることにあった。そのため教科も統合され、国民科・理数科・体錬科・芸能科となった。

植民地や占領地の子どもへの教育

日中戦争開始後、国内に国民精神総動員運動を展開するとともに、植民地の朝鮮・台湾にも国民総力朝鮮連盟・台湾皇民奉仕会を結成し、民衆のすみずみに日本人になりきることを強制する「皇民化」政策を推し進めた。学校では、神社の参拝・宮城遥拝《きゅうじょうようはい》や「皇国臣民ノ誓詞《せいし》」（一九三七年に朝鮮総《そう》督府《とくふ》が制定）の唱和が強制されていった。

朝鮮では「内鮮一体」の考えのもと、学校での授業用語がすべて日本語になり朝鮮語は必修科目から外され、朝鮮語新聞の発行も禁止となり、一九四〇年には創氏改名が実施された。四三年には行政機関や学校では一切朝鮮語の使用が禁止され、日本語が強制された。

サイパンやパラオのような南洋諸島でも、現地を統治した南洋庁は島民に対し、「わたしたちは立派な日本人になります。天皇陛下の赤子《せきし》であります」と学校で繰り返し唱えさせ、国旗掲揚・宮城遥拝・君が代斉唱が行われた。その一方で、日本人を一等国民とし、他の地域の人々を二等国民・三等国民などと呼び、「同化」としながらも実際には植民地や占領地の国民を差別していた。

排外的な敵対心の醸成と子どもを取り巻く環境

一九四一年、米英との開戦と緒戦の勝利に国民は大いに狂喜した。各地で祝賀の提灯《ちょうちん》行列が行われ、子どもたちもわけのわからないまま行列に加わった。ラジオは連日のように日

『少国民の友』昭和17年3月号

本の勝利を告げ、新聞も戦勝の記事で埋め尽くされた。しかし、それはすべて大本営《だいほんえい》発表に過ぎなかった。日本の戦果を誇大に発表し、被害は過少に伝え続けたのである。そういった情報を信じた国民は政府の戦意高揚キャンペーンに踊らされていった。清沢洌《きよさわきよし》は『暗黒日記』で「各方面で、英、米を憎むことを教えている、秋田県横手《よこて》町の婦人会は、チャーチルとローズヴェルトの人形を吊って、女子供が出てザクリザクリと突きさしていると今朝の毎日新聞報ず」と記している。子どもたちのなかにも、国に尽くす心というより米英などへの排外的な敵対心が根づいていったといいえる。

当時の子どもたちはスポーツ選手に憧れるように軍人に憧れた。子ども用の食器・おもちゃ・文房具・紙芝居・絵本・映画・歌にも戦争があふれていたのである。

われら少国民《しょうこくみん》

当時の沖縄で国民学校に通っていた安仁屋政昭さん（沖縄国際大学名誉教授）の体験を紹介する。

私は一九四一年に久志《くし》国民学校に入学した。学校教育が戦争体制に組み込まれていった非常時だったが、私たち子どもには、そんな自覚はなかった。みんなで集まって集団登校をした。「見よ東海の空明けて　旭日《きょくじつ》高く輝けば　天地の正気溌溂《はつらつ》と　希望は躍る大八洲《おおやしま》……」という『愛国行進曲』の好きなボスがいて、むちでたたかれて覚えさせられた。この年の十二月八日にマレー半島上陸・真珠湾《しんじゅわん》攻撃と太平洋戦争に突入し、先生がたは興奮していたが、私には何のことか、よくわからなかった。

二年生になってまもなく、シンガポール陥落記念のゴムマリをもらった。これは、マレー半島のゴムで作ったものであり、「君たちがアジアの指導者になるんだ」と校長先生は熱っぽく演説した。日本軍がシンガポールを占領したのは一九四二年二月だ。「シンガポールの朝凪に　今ひるがえる日章旗」といった歌を大声で歌ったものだ。

一九四四年、私は四年生になった。二学期に入ってからは戦争一色だった。十月十日の大空襲は、目前での爆弾投下と機銃掃射、舞い上がる土煙と火柱、乱舞する米軍機、活動写真でも見ているようだった。（『戦時下の学童たち—那覇高六期生「戦争」体験記—』琉球政府立那覇高等学校六期生、二〇一一年）

ここには、無邪気に国民歌を歌い、教師から日本の戦いを勇ましく聞き、アジアのリーダーになることを信じて疑わない少国民の姿がある。しかし、それまで遠い海の向こうで行われていた戦いがとうとう自分たちのところにやってきたのである。

決戦体制の担い手に

長期化する戦争のなかで戦局の悪化は子どもたちの生活を大きく変えた。一九四一年八月には一六歳以上四〇歳未満の男子と一六歳以上二五歳未満の未婚の女子を国民登録し、労働力を徴用することができるようにした（労務緊急対策要綱）。同年一一月には国民勤労報国協力令が公布され、学校・職場ごとに一四歳以上四〇歳未満の男子と一四歳以上二五歳未満の独身女性を対象に勤労報国隊が編成され、軍需《ぐんじゅ》工場・鉱山・農家などにおける無償労働に動員された。一九四四年二月には、一四歳以上だった年齢が一二歳に引き下げられ、六〇歳までの男子と四〇歳までの未婚女子が徴用労働力となった（国民職業能力申告令改正）。

さらに一九四五年三月には、国民義勇隊の結成が閣議決定され、一二歳以上六五歳未満の男子と四五歳未満の女子が原則的に参加するとともに、六月二三日には義勇隊を基礎に大半の国民を国民義勇戦闘隊に組み込む義勇兵役法が公布され、子どもを含む国民がすべて軍事動員の対象となった。その先駆けとされたのが、沖縄の鉄血勤皇隊《てっけつきんのうたい》であり、ひめゆりに代表される女子学徒隊だった。

戦争がどういうものかを知らなかった子どもたちは、こうして国のために天皇のために尽くすことを強いられ、守るべき命が失われていった。

（平井美津子）

〔参考文献〕粟屋健太郎・藤原彰・吉田裕『昭和二〇年 一九四五年』（小学館、一九九五年）、岩脇彰・東海林次男・是恒高志・本庄豊・平井美津子編『平和を考える戦争遺物①〜⑤』（汐文社、二〇一三年）、平井美津子『教育勅語と道徳教育 なぜ今なのか』（日本機関紙出版センター、二〇一七年）、川満彰『沖縄戦の子どもたち』（吉川弘文館、二〇二一年）

問 8

太平洋戦争における子ども期の暮らしはどのように変化しましたか

戦争が激しくなるなかで、尋常《じんじょう》小学校は国民学校となり、少国民《しょうこくみん》を皇国民に育てることを第一の目的とした修練道場となった。学外でも大日本青少年団が結成され、また、子どもの雑誌などの児童文化財の内容も、戦争への協力や天皇・国家に従う態度を徹底的に教え込まれた。そして未婚者以外のすべての女性は大日本婦人会の会員となり、徹底した軍事援護と生産力拡大のための運動に組み込まれていった。空襲が激しくなると集団疎開が進められ、約四五万人の子どもが地方に疎開した。戦時体制下の子どもたちは、全生活が錬成《れんせい》の場であり、構造的な暴力のもとであらゆる権利が剝奪された暮らしであった。

小学校から国民学校へ

一九三七年七月に日中戦争、さらに四一年一二月太平洋戦争開戦となるなかで、四一年三月には国民学校令が公布され（四月施行）、それまでの尋常小学校が国民学校に改称された。国民学校設立の目的は「皇国の道に即りて初等普通教育を施し国民の基礎的錬成を為す」と規定された。「皇国の道」とは、八紘一宇《はっこういちう》の皇謨《こうぼ》の実現（全世界を天皇のもとで統治する意）を指しており、学校は「知徳相即心身一体の修練道場」となった。教育内容も全面的に改訂となり、あらゆる授業や行事を通して、少国民を皇国民に育てることが第一の目的とされ、戦争への協力や天皇・国家に従う態度を徹底的に教え込まれた。当時国民学校生だった人の証言によると、四年生一学期に「教育勅語」を全文暗記、五年の国史で一二四代までの天皇名「御歴代天皇」の暗記が課せられていたという。音楽では日本音階による合唱基礎練習となり、一九四三年一二月には手旗信号やモールス信号などの通信訓練が体育科教材であった。

こうした徹底した皇民化教育は、日本の植民地支配下にあった朝鮮や台湾、表向きには独立国家としながらも実質的には植民地国家となっていた満洲《まんしゅう》・中国、南方における占領地であった南方共栄圏などの子どもたちも同様に進められた。

徹底した日本語教育や、日本化の強化のため日本名をつけることが強制される創氏改名（一九三九年に朝鮮で公布）が行われた。

さかのぼって一九四〇年一一月からは、教員は国民服令で決められた国民服・ゲートルを着用した。校庭には奉安殿《ほうあんでん》がつくられ、そこに「御真影《ごしんえい》」（天皇・皇后の公式肖像写真）などが置かれ、最敬礼が義務付けられた。四大節（四方拝《しほうはい》・紀《き》元節《げんせつ》・天長節《てんちょうせつ》・明治節《めいじせつ》）の儀式などに「御真影」が奉安殿から出され飾られていた。学芸会の出し物も戦争色が強まっていき、四三年三月横浜市内で行われた学芸会演目（一〇三校）の記録には、①出征兵士、②戦時下の台所、③救急看護と記されていることからも戦争一色であったことがうかがえる。

一九四三年から夏休みが廃止となり、学内皆訓練となった。しばらくして全国の各種学校の廃止となる。さらに翌年八月二三日からは戦時下の労働力不足を補うために学徒勤労令が出され、高等・中等教育機関の男子学生・生徒（学徒）は強制的な労働へと動員された。女子は女子挺身《ていしん》勤労令によって軍需《ぐんじゅ》工場などでの勤労奉仕が強制された。

学外の取り組み

一九四一年に国民学校三年生以上の男女から構成される大日本青少年団が結成された。この組織の目的は「我が国男女青少年の学校外に於ける全生活を教養訓練として具現せしめんとする見地より全青少年を一元的組織の下に結合して皇国の道に即り国家有為の青少年を錬成する」ことであった。学校単位での加盟であり、班単位の登下校に始まり、神社奉仕・貯蓄奨励運動・軍人援護活動・教養的諸活動・健民運動・国防訓練・勤労奉仕・興亜《こうあ》運動が進められた。大日本青少年団は四五年の大日本学徒隊への発展的解消まで続いた。

地域生活では日中戦争開始ごろから、空襲に備えた防空演習が始まる。民間で防護団がつくられ、空襲や地震に備えていた。一九三九年には防護団は消防組と合同の警防団となり、空襲対策や防火活動の指導を担うようになった。町内会でも防火群がつくられ、空襲対策が強化された。空襲での火災は自分たちで消化活動をすることが義務付けられた防空法がつくられ、さらに防空壕（待避壕）をつくることが奨励されるようになった。また夜間には、空襲を避けるために三八年からは灯火管制《とうかかんせい》が敷かれ、部屋の電気は夜になると消すか、あるいは布で覆って外に光が漏れないようにすることが求められた。

生活面では、次第に逼迫していった。生活必需品を中心とする流通・販売制度がつくられ、食料や衣料は一九四一年四月から大都市（六大都市）で「米穀《べいこく》配給通帳制」が実施され、翌年一九四二年から食糧管理法に基づいて全国的に切符制や通帳制となり、町内会・隣組《となりぐみ》単位での共同購入も行われた。麦飯・芋入れ麦飯といった代用食が中心となり、成長期の子どもを抱える家庭では到底足りるものではなく厳しい生活を強いられた。地域への買い出しも経済警察（戦時下の経済統制のため、一九三八年に内務省に設置。防犯に始まるが、闇買いの取締りなど「経済犯罪」の増加とともに広範囲の活動となった）による取締りが行われた。一九四三年ころは、こうした逼迫した生活現状に対する国民の不満を是正すべく、標語「欲しがりません勝つまでは」（一九四二年、国民決意の標語、国民学校五年生作品、実際は父親の作品）や「撃ちてし止まむ」、陸軍記念日に向けた標語が雑誌などで使われたのである。

子どもの娯楽も皇国主義的な色合いが強まっていく。一九四一年に日本少国民文化協会が発足し、雑誌や小説などの児童文化が統制された。NHKラジオ『学校放送』は『国民学校放送』に、『子供の時間』は『少国民の時間』に改称された。小学館の学年別学習雑誌も『小学〇年生』が『国民〇年生』と改題された。各新聞社が出していた『小学生新聞』も『少国民新聞』となった。子どもたちの身近な遊びであるカルタや双六《すごろく》なども、戦意高揚を目的とした内容となっていった。一九四〇年代には適正語の追放も自発的に始まり、野球の指示（セーフは「よし」、アウトは「だめ」など）や鉛筆の硬さ（HBを中庸、Hを硬など）の表示まで及んだ。

疎開の開始

マリアナ諸島への米軍の攻撃が激化し、陥落が現実味を帯びつつあるなか、一九四四年六月に学童疎開促進要綱が閣議決定となり、集団疎開が進められた。東京などの都市に住む国民学校の子どもたちは、地方に疎開して生活することとなった。当初、国は縁故疎開を進めていたが、縁故のない国民学校三〜六年生は学校ごとに先生と一緒に集団疎開することとなり、約四五万人の子どもが疎開した。学童疎開は表向きには子どもたちの安全確保のためとしつつも、実際は空襲時の足手まといにならないためと、「少国民の温存」を目的としたものであった。

疎開地での生活は決して豊かなものではなかった。疎開先は旅館や寺院などで、全国的な食料難から食糧不足が深刻なものとなっていった。

また沖縄では国の補助金がないという状況で子どもたちの集団疎開となり、一九四四年八月、対馬丸《つしままる》が那覇《なは》から疎開先の九州に向かう途中で米軍潜水艦の攻撃によって沈没するという事件が起きた。氏名の判別している犠牲者は、疎開学童七八四名、教員・世話人三〇名、他の同乗者を含めて一四八四名にのぼる（二〇二〇年九月四日時点）。

女性の「銃後《じゅうご》」

総力戦となった戦争において、女性に課せられたのは「銃後」（前線に対する言葉で、後方支援基地を指す）の活動であった。軍事援護と生産力増強・拡大の運動のために多くの団体がつくられた。軍事援護活動を行った官製の女性団体としては、内務省系の愛国婦人会、陸海軍省後援の大日本国防婦人会、文部省系の大日本連合婦人会であり、これら三団体は、一九四二年二月に統合され大日本婦人会となった。会員は二〇歳未満の未婚者を除く全日本女性であった。大日本婦人会は同年五月には大政翼賛会《たいせいよくさんかい》の傘下となる。四三年二月には竹ヤリ訓練などの国防修練を全国二七支部で開始し、軍事援護・貯蓄奨励・戦時生活確立・県民運動などを行った。

国防婦人会員の勤労奉仕（同盟通信社撮影）

一九四二年五月、文部省教育局は戦時家庭教育指導要綱を制定し、伝統的家族制度の強調や日本婦道の修練、家庭生活の国策への協力を要求した。

また、出産力増強を図る人口政策は重要な課題とされた。女性には「天皇の赤子《せきし》」を多く産み、兵士として育てることが求められた。一九三八年に厚生省が新設され、「健民健兵政策」の一翼を担うこととなる。同時に母子保護策とともに出生率の増加と乳幼児死亡率の低下、母性・妊産婦保護、不良化防止が進められた。四〇年七月には人口問題研究所が女子に二〇歳前後での結婚を奨励し、一九四一年一月には人口政策確立要綱が閣議決定することとなる。「産めよ殖《ふ》やせよ」というスローガンのもと、出産が奨励され、一九四〇年一一月からは一〇名以上を産んだ女性は厚生省によって多子家庭として表彰された。当時の母親たちはこうした運動のただ中にあり、国体護持のための健康な兵士を産み育てることが家庭のなかにも徹底していたのである。戦時体制下の子どもたちは、全生活が錬成の場であり、構造的な暴力のもとであらゆる権利が剥奪された暮らしであった。

（良 香織）

〔参考文献〕北島順子・吉岡和子『教科書が語る戦争』（大阪公立大学共同出版会、二〇一五年）、吉田裕・伊香俊哉・森武麿・高岡裕之編『アジア・太平洋戦争辞典』（吉川弘文館、二〇一五年）

問 9

女子と男子では、求められる内容にどのような違いがあったのでしょうか

教育における戦時非常措置は男女生徒を人的資源として平等な立場としたものの、現実には男女別の役割が求められた。戦局が苛烈《かれつ》になるにつれ、男子は産業を支える労働力から軍事力の担い手へ、女子は家庭を守る労働力から銃後《じゅうご》を支える産業や軍需《ぐんじゅ》工場の担い手として戦争へ取り込まれていった。

男子は「兵士」として

一九四一年四月より尋常《じんじょう》小学校は国民学校初等科となり、皇国の道にのっとる皇国民の錬成《れんせい》（立派な心身にしようと、ねりきたえること）という戦時教育目的が強化された。男女共学は小学二年まで、三年からは男子と女子はクラスを分け、教科書も、学習する内容も別々にすることが政府によって決められていた。特に男の子は、「大人になったら兵隊さんになる」ことなどの軍国教育が行われていた。一九三五年生まれの石井さんによれば国民学校に入学したころから、初等教育の場も軍国主義一色に塗りつぶされていったという。「男の子は将来兵隊に行くことを当然の前提として教育されました、男の子にとっては、勇敢であることが最も価値あることとされ、危険に面して逡巡《しゅんじゅん》したり、泣きだしたり、あるいは敵に後ろをみせて逃げ出すなどは恥ずべき行為であり、最も非難さるべきこととされました」。そのような初等教育を受けた子どもたちはどのように成長しただろうか。

一九四一年に海軍の志願兵年齢は特例として一四歳まで引き下げられた。写真は海軍特別年少兵で、前列中央の教官二名を除いて全員一四～一五歳の兵士たちである。

もう一つ、『少国民《しょうこくみん》新聞』（東日版）一九四一年七月一一日に掲載されている千葉県の高二男子の綴方《つづりかた》を紹介する。

「義勇軍参加」の私の志望を父は反対するが、どうしても同意を得なければならない。池田君も戸村君も、皆家の人が反対しているそうだ。どうして大人がこんなに、国家の大事を考えないのか。私達三人は、共に大陸に骨を埋める決心だ。今後は益々心身を鍛錬して、如何なる困難をも突破し得る力を養い、鍬《くわ》の戦士として皇運を扶《ふ》

翼《よく》し奉る覚悟である。

女子は「良妻賢母」「銃後の護り」として

高等女学校四年生で終戦を迎えた浅沼さんは当時の教育について、二年生の時に英語が廃止となったこと、家事が重要視され、育児・保健・看護などをよく学んだことや、三年生の八月から学校工場で軍服を縫製し、戦争末期には奉安殿《ほうあんでん》裏の芝生で軍人から小銃の取り扱い方の訓練を受けたことを述べている。このような教育の背景には一九四一年の「女子学校報国隊ノ実践訓練ニ関スル件」において、医学系を除いた女子専門学校に対して「有事即応ノ態勢を整ヘシムル為（中略）救急看護、共同炊事等ノ実習訓練」の強化徹底を求めるなど国の要請があった。

海軍特別少年兵（岐阜空襲を記録する会『戦争のころの少年少女たち』）

一九四五年六月には「義勇兵役法」によって男子は一五～六〇歳、女子は一七～四〇歳の者に義勇兵役に服させることになった。当時の政府が示した問答は次のようになっており、女子に期待された役割が示されている。

問　現行の「兵役法」とどんな点が特に違うのですか

答　義勇兵に服すべき者は、老少の男子のみならず、女子を含んでいること

義勇召集の方法が、兵役法による召集に比し簡単迅速であること

問　義勇兵の主たる仕事は具体的にはどんなことですか、特に女子の場合は

答　敵の本土進攻、その他空輸部隊の攻撃に当っては、直接郷土死守のため敢闘することは勿論ですが、一般作戦軍の後方において、現在の職場において軍需品の製造、補給、通信、輸送に挺身《ていしん》し、その他飛行場の復旧、陣地の構築等に任ずることが多いと思います

女子はその特性に応じ、右に掲げた総力戦的任務その他救護、看護等に任ずるのです

（片岡志保）

〔参考文献〕岐阜空襲を記録する会『戦争のころの少年少女たち―「欲しがりません・勝つまでは！」の時代に―』（岐阜新聞社、二〇一六年）

10問 死亡・負傷した子ども（一八歳未満）の人数を教えてください

第二次世界大戦では、日本人だけでおよそ三一〇万人が死んだ（厚生労働省の推計）。このうち、年齢別の内訳についての統計資料はなく、子どもの被害者の人数の総数はわかっていない。

民間人も襲った無差別爆撃

日本政府は敗戦から七六年、戦争被害のまともな実態調査を行っていない。敗戦後の政府がかろうじて行ったのが、戦争などで保護者を失った孤児についてである。

戦争末期、米軍はサイパンなどマリアナ諸島の基地を拠点に、超大型爆撃機Ｂ29による日本本土爆撃を執ように繰り返した。当初、米軍は「高高度・昼間・精密爆撃」で日本を襲った。日本軍の迎撃機や高射砲が届かない高度から昼間、軍《ぐん》需《じゅ》工場など非民間人施設を狙うという作戦だった。ところが、期待したほどの成果が上がらなかった。

米軍は戦術を変え、「低空・夜間・無差別爆撃」をすることになった。低空になれば、強風にあおられるリスクは減る。航空燃料を減らすことができる分、搭載する爆弾を増やすことができる。その爆弾を、軍需施設だけでなく民間人が暮らしている地域にもばらまく。民間人と軍人を区別しない。それが「無差別爆撃」である。

この戦術転換を指揮したのが、米航空部隊の将軍カーチス・ルメイ（一九〇六～九〇年）である。まず一九四五年三月一〇日、東京都東部を焼き尽くす「東京大空襲」を指揮した。さらに横浜・名古屋・大阪・神戸《こうべ》といった大都市を襲った。「東海道大空襲」といってよい。

米軍による無差別爆撃により、およそ五〇万人が殺された（栗原俊雄『東京大空襲の戦後史』）。保護者を失った子どもたちが何人いたのか。

戦争孤児は何人いたのか

敗戦から一年後の一九四六年八月二三日、第九〇回帝国議会で、布利秋《ぬのとしあき》議員が「戦災孤児」の現状を指摘し、政府に救護を迫った。

布　戦災孤児が大都会の各所に今収容されて居りますが、殊《こと》に最も惨《みじ》めなのは、浅草《あさくさ》の東本願寺《ひがしほんがんじ》に収容されて居るのが、数も多いし又相当惨めな生活をしております。衰弱して行きます者が刻々死ぬると云うことで、薬をあてがう云っても薬が与えられぬ、注射液などと云うものは全然手に入らない状態にあります。また一方家庭的に預かつて居ります戦災孤児は、其の監督が悪いためか、常に逃げ出している、逃げ出しましてそれが無宿《むしゅく》者になつてしまう

お台場で「浮浪児」たちが檻に入れられている写真（毎日新聞社提供）

服部岩吉《はっとりいわきち》・厚生省政務次官が答えた。

孤児の人数は大体三〇〇〇人ほど。内訳は乳幼児が五〇〇人、学童二五〇〇人という。さらに「此《こ》の三千名の中に親戚とか或は又縁故者であるとか云ふやうな面の保護を受けて居りまする者が一千五百名であります、其の外《ほか》に公設、私設の社会事業施設に依つて収容保護を致して居りまする者が、千五百名と云ふやうな状況でございます」。

戦争孤児がたった三〇〇〇人しかいないとは、驚くべき過少評価である。信ぴょう性はまったくなかった。実際、ほどなく政府自身の調査によって「三〇〇〇人」がいいかげんであったことがわかるのである。

このころ、日本の社会は戦争孤児に関する問題が多発していた。敗戦後の混乱期で、おとなでさえ生きていくのが難しかった。孤児に手を差し伸べる公の社会福祉はほぼなかった。そんななかで、保護者のいない子どもたちは生きていくために、時に盗みや詐欺《さぎ》、売春など犯罪に手を染めた。暮らす家のない子どもたちは駅舎や地下道などを「住居」とした。行政は、そうした子どもたちを「浮浪児」と呼んだ。たとえば『東京都戦災誌』（一九五三年）は、当時の様子を「戦災児・浮浪児が多数彷徨《ほうこう》して、都内における種々の社会悪発生の原因となるものも少なくな」かったと、振り返っている。

そして、東京都と警察などが協力し、しばしば「浮浪児」の一斉摘発をした。当時は、「狩込《かりこみ》」といわれた。新聞も行政当局の「浮浪児」観をそのまま報道した。たとえば一九四六年七月三〇日の『毎日新聞』には、「上野《うえの》の浮浪児　一斉お

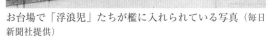

掃除」などの見出しがついた記事が掲載され、警察官らが「上野山内等付近一帯にわたって浮浪児狩りを行った」ことを報じている。

「浮浪児」は、食べ物と仕事を求めて動き回った。たとえば進駐軍の食料などが集積する、湾岸に集まる子どもたちがいた。『新修港区史』(一九七九年)には「全国でその数およそ四〇〇〇といわれた浮浪児は、ここ港区にも芝浦《しばうら》の倉庫を中心に、当時つねに八十余名がたむろしていた。(中略)靴磨きや、あるいはかっぱらいなどをしては生活していた」とある。

GHQの「外圧」で調査

「浮浪児」の問題については、日本政府よりも日本を占領していたGHQ(連合国軍総司令部)が敏感だった。孤児を放置していると、社会の不安定化につながりかねない。厚生省はいわば「外圧」によって孤児調査を始めた。「全国孤児一斉調査」では、一九四八年二月一日現在で以下のようになっている(問46の表を参照)。

総計は一二万三五一一人で、内訳は年齢別で一~七歳=一万四四八六人、八~一四歳=五万七七三一人、一五~二〇歳=五万一二九四人であった。種類別で戦災孤児=二万八二四八人、引揚《ひきあげ》孤児=一万一三五一人、棄迷児=二六四七人、一般孤児=八万一二六六人である。

これらの孤児がどこにいたかについては、親戚に預けられた孤児が最も多く一〇万七一〇八人、施設に収容された孤児が一万二二〇二人、独立した生計を営む孤児が四二〇一人であった。

この調査の「戦災孤児」とは、都市空襲で保護者を失った子どもであり、「引揚孤児」は満洲《まんしゅう》など外地から帰国する途中で家族が亡くなったり、離ればなれになったりしたケースである。「棄迷児」は空襲で保護者と離ればなれになった子どもである。最も多い「一般孤児」とは、主に学童疎開中に保護者を亡くした子どもたちである。

いいかげんな調査

戦争孤児について、厚生省は他にも調査をしているが、この約一二万人が最大の人数である。しかし、信ぴょう性は低い。実際はもっと多かったことが確実である。この調査には「浮浪児」は含まれていない。また養子縁組された子どもも同様である。米軍の占領下にあった沖縄での調査もされていない。満洲やインドネシアなど戦時中に日本が占領していた地域や、サイパンなど多数の日本人が移民していた南方地域も同様である。「一二万人」は孤児数の下限、しかも実態より極めて少数の調査結果であると考えられる。

では戦争孤児がいったい何人いたのか。どんな生活を送っていたのか。戦後七六年が過ぎた今、そうした実相を把握するすべはあるだろうか。極めて困難ではあるが、行政としてできること、すべきことはあると筆者は考える。鍵になるのは、以下に述べる立法である。

日本政府は、一九五二年に独立を回復すると、GHQが禁じていた元軍人・軍属《ぐんぞく》や遺族への補償や援護を再開した。しかし、民間人にはしなかった。その結果、同じ戦争被害者でありながら元軍人・軍属と遺族に対しては国が補償し、その他の民間人にはしないという差別が生じた。国は二〇二一年現在、元軍人・軍属や遺族に累計六〇兆円の補償や援護をしてきた。しかし民間人には「雇用関係に無かった」ことなどを理由に補償を拒んだ。「軍人・軍属は国が雇用していた。民間人はしてなかった」というのが、国の言い分である。

納得できない民間人は、訴訟や立法運動を進めた。たとえば一九七三〜八八年にかけて、民間人戦争被害者の救済法案が実に一四回、国会に提出されている。すべて社会党（当時）など野党によるものである。

国会審議では、法案を提出した野党側は空襲など戦争被害の実態調査を国に求めた。しかし、国は立法には応じず調査も拒否した。調査して実態が明らかになれば、補償の義務が生じかねない。国はそれを恐れたのである。

空襲被害者たちは前述のように司法による救済を求めて戦ったが、東京・名古屋・大阪大空襲などすべて敗訴が確定している。東京大空襲の被害者たちによる訴訟は二〇一三年、大阪大空襲のそれは一四年にそれぞれ最高裁で敗訴が確定している。いずれの裁判も、高等裁判所までの判決では被害原告の被害を認定し、立法による解決を促している。

今後の課題

敗訴した原告たちはこのため、立法に望みを託している。二〇一〇年には「全国空襲被害者連絡協議会」（全国空襲連）が結成された。さらに翌年、与野党の国会議員有志が議員連盟を設立した。結成当時の民主党議員が一二年の総選挙で大量に落選し、議連が事実上の休止状態になるなど紆余曲折《うよきょくせつ》はあったが、二一年、空襲被害者らを救済する法案「空襲被害者等援護法」がまとまった。

法施行時点で生存する身体障がい者らに、一律五〇万円の特別給付金を「慰藉《いしゃ》」として支給する、というのが同法案の柱である。法施行時点で亡くなっている人、あるいは空襲で両親を殺されながら自身は障がいを負わなかった戦争孤児は対象にならない。対象者は推計で五〇〇〇人以下、予算は三〇億円未満である。

全国空襲連のなかには、「対象者が少なすぎる」という批判が根強くある。実は、民主党時代の議連がつくった法案骨子では、対象者は障がい者以外の孤児らも対象となっていた。給付金の金額は四〇～一〇〇万円で、対象者は最大六五万人、予算総額は六八〇〇億円だった。しかし、全国空襲連と新しい議連は立法の実現性を重視し、対象を大幅に絞ったのである。

その法案のもう一つの柱は、空襲被害などの「実態調査」を国に課していることである。全国空襲連の中心メンバーである河合節子さん（一九三九年生まれ）は、この項目に期待をかける。河合さんは、父と母、弟二人の五人家族だった。母と弟二人を東京大空襲で奪われ、自身は茨城県に疎開していて難を逃れた。「空襲被害者等援護法」が成立しても、自分は対象にならない。それでも「実態調査が進み、被害者がわかっていけば対象が広がる可能性もある」と話す。

先にあげた『新修港区史』でもわかるように、各自治体には戦争孤児に関する資料が残されている。前記援護法が成立し、政府が空襲被害の実態調査を義務として課された場合、こうした資料を集めて横串を刺すことが求められる。孤児など戦争被害の実態調査は長く、被害当事者や研究者らが進めてきた。しかし第二次世界大戦は日本史上最悪の悲劇であり、人々の記憶として深く長く刻まなければならない。当事者が生存している今こそ、国家の事業として実態調査を進めなければならない。

（栗原俊雄）

〔参考文献〕栗原俊雄『戦後補償裁判―民間人たちの終わらない「戦争」―』（NHK出版、二〇一六年）、浅井春夫・川満彰編『戦争孤児たちの戦後史1 総論編』（吉川弘文館、二〇二〇年）、栗原俊雄『東京大空襲の戦後史』（岩波書店、二〇二二年）

コラム1

男子「憧れの兵隊」、女子「いつか看護隊となって」

総務省ホームページの「子どもと学ぶ太平洋戦争」をみると、戦争中に子ども時代を過ごしたというおじいちゃんのセリフに「大きくなったら男の子は『兵隊さん』女の子は『看護婦さん』になりたいと思う子が多かったねぇ」というものがある。当時の様子をもう少し詳しくみてみよう。

　戦争中は戦地の兵士を慰問《いもん》するため日用品や娯楽用品・雑誌・御守り・手紙などを入れて送る袋（慰問袋）がつくられた。子どもは学校単位で兵士の慰問のために手紙を書くよう求められ、慰問袋のなかには子どもからの手紙も添えられた。一九四二年に出版された『現代模範書翰文《もはんしょかんぶん》』に掲載されている慰問文の模範例を紹介する（筆者が現代仮名遣いに修正）。男子は兵隊になることが求められ、子どももそれを望むことを当然とされたことがよく表れている。

　僕は○○尋常《じんじょう》小学校の何年生です。この慰問文を、戦地の兵隊さんへ送ります。

　皆さん元気ですか。毎日支那兵をやっつけているって、本当ですか。嬉しいですね。僕も大きくなったらきっと兵隊になって、立派な手柄をしたいと思います。それで今は一生けんめいに勉強しています。

立派な手柄をたてて、天皇陛下に忠義をつくして下さい。おたのみ致します。日本は今非常時だといって、僕らも下駄ばきで学校へ通います。靴の皮はみんな兵隊さんにのこして置くのです。

　僕は貯金をしています。一円になったらきっと兵隊さんへ慰問品をかって送りますよ。まってて下さい。

　兵隊さん、つよい兵隊さん、ばんざい。

　一九四三年、「女子ノ特性ニ応ジタル看護ニ関スル教育訓練ヲ強化シ有事ニ際シ戦時救護ニ従事セシメタルタメ」とした通牒が発出された。女子中等学校の学生たちは勤労動員中のわずかな時間に校医らから看護学の講義と救急処置法の指導を受け、試験に合格した者には卒業時に看護婦の資格が与えられた。（片岡志保）

問 11

学校教育で教育勅語はどのように位置づけられましたか

国家や天皇のために忠義を尽くす国民づくりは学校教育が担わされた。その支柱となったのが教育勅語と御真影《ごしんえい》である。儀礼などを通して、畏《おそ》れ多く聖なるものとされ、命にかえても守らなければならないとされた。

教育勅語とは

一八七九年、明治天皇の家庭教師で儒学者《じゅがくしゃ》の元田永孚《もとだながざね》らによって、儒教的な徳育重視の方針に基づく「教学大旨《きょうがくたいし》」が出された。教学大旨には、教学の要は君主に対する忠義と親孝行をはっきりさせることで、臣民（天皇の臣下である国民）は君主に、子は父に絶対服従するということをわからせることが大事で、幼い時からしっかりと叩きこむ必要があることが書かれていた。

教育勅語は一八九〇年一〇月三〇日に明治天皇の名前で公布された。正式な名称は「教育ニ関スル勅語」という。総理大臣の山県有朋《やまがたありとも》は「常に児童をして読誦《どくじゅ》せしむことにせよ」と命じている。そのため、意味もわからぬまま暗唱した子どもたちは少なくない。

「朕《ちん》（明治天皇）惟《おも》フニ」で始まる教育勅語は天皇が臣民に命令として出したものである。

教育勅語には臣民が守るべき徳目として、「孝行」「兄弟愛」「夫婦の和」「友達の信頼」「慎み深い行動」「博愛の心」「勉強に励み、仕事を学び」「知識を高め」「道徳心や才能を伸ばし」「公共の利益のためになり、世の中のためになる仕事をし」「法律を守り」と述べたうえで、「一旦緩急《かんきゅう》アレハ義勇公ニ奉シ以テ天壌無窮《てんじょうむきゅう》ノ皇運ヲ扶翼《ふよく》スヘシ（ひとたび緊急事態がおきたら、勇気をもって尽くし、永遠に続く皇室のために命をささげなさい）」と一二項目にわたり書かれ、「この道は、長い歴史の中で残されてきた教訓であって、大切に守っていくべきもので、全国民が一つになることを願う」と結ばれている（訳は筆者）。

ここにある一二の徳目はすべて同列ではなく、最後の「皇室のために命をささげなさい」ということを究極の目的として国民に求めている。

どのように教えられていたか

教育勅語は発布の翌日の一八九〇年一〇月三一日に文部省が謄本《とうほん》をつくり、翌年二月には謄本が印刷され、全国二万五〇〇〇余の学校に配布された。

学校の儀式などで生徒を集め、勅語をうやうやしくあがめ、読み、その内容を知らせるようにとされた。子どもたちは天《てん》長節《ちょうせつ》（天皇誕生日）をはじめ皇室にかかわる祝い事の時に学校に登校し、儀式に参列した。儀式は、①校長先生をはじめとした先生、生徒が御真影に最敬礼、両陛下への万歳（御真影がない学校はこの部分は省略）、②教育勅語奉読、③校長先生のお話、④祝祭日の唱歌（君が代・紀元節《きげんせつ》・天長節など八曲）を合唱という形式だった。

二　サイケイレイ
テンチャウセツ　デス。
ミンナ　ギャウギョク
ナラビマシタ。
シキガ　ハジマリマシタ。
テンノウヘイカ
クヮウゴウヘイカノ
オシャシンニ　ムカッテ
サイケイレイヲ　シマシタ。
「君ガ代」ヲ　ウタヒマシタ。
カウチャウ先生ガ、
チョクゴヲ　オヨミニ
ナリマシタ。私タチハ、
ホンタウニ　アリガタイト　思ヒマシタ。
三　五月ノ　セック
『ヨイコドモ』下（2年生用，1941年，国立国会図書館所蔵）

校長先生が朗読している間は、子どもたちはじっと頭を下げたまま、がまんをしなければならない苦行のような時間だった。特に冬の寒い日などは素足の子どもたちも多く、足がかじかんでもじっとしていなければならず、咳をしたり、鼻をすすったりすることも許されなかった。儀式を通して、天皇は畏れ多い神様のような存在、天皇の命令に逆らうことはもってのほかだということを感覚的にわからせることになった。

教育勅語が発布された翌年一八九一年一月九日、第一高等中学校（現東京大学）の講堂で行われた教育勅語奉読式で、教員と生徒が順番に「教育勅語」の前に出て、明治天皇の直筆の署名に最敬礼するという儀式が行われた。この時、嘱託《しょくたく》教員だった内村鑑三《うちむらかんぞう》が最敬礼せずに降壇したことが、同僚や生徒などによって非難され社会問題となった。敬礼を行わなかったのではなく最敬礼をしなかっただけなのだが、それが不敬（皇室に対して敬意を欠いた言動）とされた。内村は最終的にこのことが原因で辞職に追い込まれた。

これをきっかけに、各校に配布された「教育勅語」謄本を丁重に取り扱うようにという命令が出され、教育勅語は教育の第一目標とされるようになっていった。

「御真影」と「教育勅語」

一八八九年に全国の学校へ天皇の写真「御真影」が下賜《かし》されていった。これは単なる写真ではなく、天皇と同じで命にも代えがたいものとされた。文部省は「学校へ交付された御真影と教育勅語謄本は校内の一定の場所を選び、最も尊重して大切に扱うように」という命令を出した。この「最も尊重して」という言葉のために「御真影」と「教育勅語」を守ることをめぐって死者まで出すという事態も起きた。地震や火災、どんな災害が起きようと、まずは「御真影」と「教育勅語」を命に代えても守らなければならなかったのである。学校で教員の宿直が行われるようになったのも、このことに端を発している。宿直は日誌をつけ、その日誌には「御真影」と「教育勅語」に関する記入欄があり、宿直教員は何事もなければ「御安泰」などと書いた。

一八九六年、最初の犠牲者が出た。同年六月一五日に死者約二万二〇〇〇人という三陸《さんりく》大津波が発生。岩手県下閉伊《しもへい》郡箱崎尋常《はこざきじんじょう》小学校の教師だった栃内泰吉《とちないたいきち》は津波の情報で学校に「御真影」を取りに行った。体に縛りつけて避難しようとしたが波にのまれ、翌日海岸で発見され、後に死亡した。「御真影は再生もできる、命はできない」という声もあったが少数で、多くの人が殉職《じゅんしょく》を肯定した。

その後も学校の火災や地震、台風などのたびに、「御真影」を守ろうとして殉職者が出た。一九四五年の日本の敗戦までに二〇名余が殉職している。また、火災によって「御真影」や「教育勅語」謄本を焼失してしまった校長などが、不可抗力にもかかわらず、責任を取らされて解雇されるなどの処分を受けた例は数え切れない。

「御真影」と「教育勅語」を守るために登場したのが奉安《ほうあん》殿《でん》である。一九二〇年代ころから学校の校舎とは別に奉安殿という専用の建物をつくるようになる。土蔵を利用したり、石造りや鉄筋コンクリート造りもあった。建築費用も高く、費用は住民の負担としてのしかかった。寄付を募ったところもあれば、全校児童や職員が河原から石を運び、児童はその石に名前を書いて、天皇の国を守る誓いの石として奉安殿の基礎工事に使用したところもある。奉安殿は次第に聖域化され、登下校時には子どもたちは必ずその前で最敬礼することが義務付けられた。しない生徒には教員からの体罰が待っていた。

アジア・太平洋戦争のころになると「御真影」と「教育勅語」を守ることがますます優先されていった。学校ごとにつくられた空襲時の避難計画には、「御真影並びに勅語謄本の奉護の完璧を期するとともに生徒児童の保護を確保し重要書類校舎校具の防護に努む」と書かれていた。子どもの命よりも、「御真影」や「教育勅語」謄本のほうが優先されていたことがわかる。

日本政府は戦前、沖縄の皇民化教育に力を入れた。沖縄では他県よりも早く「御真影」を師範《しはん》学校などに交付し、「教育勅語」とともに天皇のために命をささげる教育を徹底していった。一九四五年にアメリカ軍が上陸し地上戦が行われた沖縄では、「鉄の暴風」と呼ばれるすさまじい攻撃が行われた。アメリカ軍の上陸に先立つ一九四四年、十・十空襲と呼ばれるアメリカ軍の激しい空襲を受けて那覇《なは》市の九〇%が焼失した。この時も家族を放っておいても、奉安殿の「御真影」を抱いて避難する校長の姿が目撃されている。この空襲後、沖縄では「御真影」をいかに守るかということを考えるようになった。そこで、「御真影」を守るということを目的に教員らで御真影奉護隊が結成され、各学校の「御真影」を避難させるために、名護市の山奥に御真影奉護壕が掘られた。当時の国民学校高等科の一・二年生（今の中学一・二年生）たちは、壕までの道普請《みちぶしん》を強いられた。そして県立第三中学校（一五歳前後）の生徒らは壕まで「御真影」を運ばされた。立派な額に収められた「御真影」の入ったリュックは二〇kgもあり肩に食いこみ、休憩中も地面に下ろすことは許されなかった。アメリカ軍上陸後、奉護隊は「御真影」を敵の手に渡さないようにこの壕から運び出し、さらに山奥に小屋をつくり避難させた。食料もないなか、「敵に御真影を渡さない」ために北部のジャングルのなかで約八〇日間も逃げ回っていたのである。そのなかに二人の三中生もいた。彼らが命がけで守り続けた「御真影」は、最終的には奉護隊自らの手で一九四五年六月三〇日に燃やされた。「御真影」を守るために多くの子どもたちがかかわっていたのである。

（平井美津子）

奉安殿前で捧げ銃をする子ども（毎日新聞社提供）

〔参考文献〕平井美津子『教育勅語と道徳教育―なぜ、今なのか―』（日本機関紙出版センター、二〇一七年）、教育史学会『教育勅語の何が問題か』（岩波書店、二〇一七年）、川満彰『沖縄戦の子どもたち』（吉川弘文館、二〇二一年）

問 12

皇民化教育とはどのような内容だったでしょうか

長期化する戦争のなかで子どもたちは「少国民《しょうこくみん》」として戦時体制を支える国民としての自覚を促されていった。「少国民」を育成する場になったのが学校である。学校では、皇室を支え、忠実な天皇の臣民になるための教育や行事として軍事教練《きょうれん》が行われた。朝鮮などの植民地でも、同化政策として皇民化教育が進められた。

「修身《しゅうしん》」という授業

学校の授業で教育勅語を扱う教科は「修身」という教科だった。教育勅語を発布した翌年の一八九一年、文部省は、「修身」は教育勅語の趣旨に基づいて良心や徳性、人の道を教えると規定し、すべての教科の最上位に位置づけた。「修身」では、教育勅語の精神を基本とした二四の徳目を日本人にとって馴染みの深い過去や現代の偉人、有名人の言葉やエピソードを用いて教えた。

一九〇四年から始まる国定教科書（政府が全国一律に編集発行した教科書のこと）では、四年生（当時の小学校の最高学年）の「修身」教科書末尾に教育勅語が掲載され、一九一〇年からの四年生以上の教科書では冒頭に掲載されるようになった。

日露《にちろ》戦争前後からは、全国の小学校で教育勅語の暗唱と暗写（手本を見ないで前文を書くこと）が積極的に取り入れられたが、暗唱させることはできても、難解な漢字が多く暗写はなかなかできなかった。教える教師自身も暗写できる人はほとんどいなかったという。兵庫県の御影師範《みかげしはん》学校では、講習を受けている現職の教員三七名に教育勅語を暗写させたところ、謄本のとおり写せた教師は一人もいなかった。暗唱できるまで学校に居残りをさせられたり、宿題を課されるなど、「無理やり覚えさせられてつらかった」「意味もわからずに丸暗記した」と当時を回想する人も少なくない。

国民学校での教育

陛下は僕等を米国の為に死なせないようにこうふくをした。（中略）それで大きくなるまでにりっぱな日本人になりこのかたきを必ず取るという覚悟を新たにしました。僕等が大きくなるまでには米英ソレン支那の為に苦しむ事があると思いますがこらえて大きくなって陛下の為お役に立つ人になります。（世田谷区教育委員会『世田谷区教育史 資料編六』一九九三年）

　これは敗戦直後に書かれた「僕等の覚悟」という国民学校六年生の作文である。問11でみてきた教育勅語に基づいた教育の結実が、ここに表れているといえよう。

　国民学校とは、一九四一年四月、それまでの小学校を改称して登場した。その目的は、教育勅語の精神にのっとり、皇室を支え忠実な天皇の臣民になるように鍛錬《たんれん》することにあった。国民学校は初等科と高等科に分けられ、教科も統合した（国民・理数・体錬・芸能の各科、高等科では実業科が加わる）。特に、理数教育は国防上の科学的な知識や技能、体錬は兵士の育成と直結するものとして重視された。

小学校で行われたなぎなたの授業（京都市学校歴史博物館所蔵）

　学校行事をみてみると、当時の運動会のプログラムには「敵前渡河」「警報係」「前線突破」「兵糧輸送」と名づけられた競技が並んでいる。運動会まで軍事教練の場になっていたことがわかる。修学旅行の行き先も、伊勢《いせ》神宮・橿原《かしはら》神宮・明治天皇陵に向かう学校が多かった。学校が戦争で果たした役割は大きい。

国民統合のための音楽教育

　国民学校における芸能科には、音楽・習字・図書・工作・家事・裁縫などがあり、技能を通して行の精神を養い、皇国の道にまい進する臣民の育成を意図していた。

　日中戦争以降、内閣情報部が組織され、国民を戦争協力に動員する官製の運動を展開していった。そのデモンストレーションとして一九三七年「国民歌」を公募した結果、一等になったのが『愛国行進曲』である。歌詞を紹介しよう。

見よ　東海の空明けて　旭日《きょくじつ》高く輝けば
天地の正気《せいき》　溌剌《はつらつ》と　希望は躍る大八洲《おおやしま》
おお晴朗《せいろう》の朝雲に　聳《そび》ゆる　富士の姿こそ
金甌無欠《きんおうむけつ》　揺ぎなき
我が日本の　誇りなれ

　この曲は空前の大ヒットになり、「国民音楽」となった。音楽で国民の戦意高揚を図るという目論見は成功したといえよう。

国民学校における芸能科音楽の授業では、このような歌唱教材が多く用いられた。教科書における歌唱教材の基準は、「明朗闊達《めいろうかったつ》の精神」「士気を鼓舞する」「敬神の念を喚起する」といった「国民的情操を醇化《じゅんか》すること」だった（鈴木源輔『国民学校錬成教育の携帯』一九四〇年からの引用）。例えば『ヒノマル』は国旗の美しさと勇ましさを讃え国民的情操を喚起し、『兵たいさん』は勇壮活発の精神を養い、軍事思想を鼓吹《こすい》して忠君愛国の念を培うものであった。

一方、音感教育にも力を入れている。飛行機の爆音で敵機か友軍機か、どんな種類の飛行機かを聞き分けるなどといった国防上で不可欠なものだったからである。

勤労動員・少年兵に駆り出される子どもたち

戦局の悪化によって最も困難を極めたのが食糧事情である。そのため国民学校の子どもたちは食糧増産のために駆り出されることになった。青森県植田《うえだ》国民学校には「学校決戦田畑」がつくられ、授業をせずに遠い田んぼまで子どもたちは通わされ、米作りに従事した。わら細工生産も行い、一年間の売却代金は一万二五六八円にもなった（戸田金一『昭和戦争期の国民学校』）。

学徒勤労動員は、本来は中学校生徒以上が対象だったが、一九四四年七月には国民学校高等科の子どもにも適用された。勤労動員の場合は、ただ働きの勤労奉仕と違って賃金は支払われることになっていたが、賃金をもらった記憶はないと証言する人が少なくない。一九四五年四月からは高等科の授業は停止となり、勤労作業だけに従事させられた。

一方、兵力不足の解消のため一九四三年に徴兵年齢が一九歳に引き下げられるとともに、四四年には少年兵の志願も一四歳から可能となった。学校には志願人数の割り当てがあり、募集は学校を通して行われた。学校はいつしか子どもを戦地に送り出す役割を担わされた。応募した少年兵の多くが帰らなかった。

朝鮮半島における皇民化教育

私共ハ、大日本帝国ノ臣民デアリマス。
私共ハ、心ヲ合セテ天皇陛下ニ、忠義ヲ尽シマス。
私共ハ、忍苦鍛錬《にんくたんれん》シテ、立派ナ強イ、国民トナリマス。

これは、日中戦争が開始された一九三七年から朝鮮総督府《そうとくふ》によって制定された「皇国臣民ノ誓詞《せいし》（児童用）」である。

日本政府は、植民地である朝鮮や台湾に国民精神総動員運動と連動する民衆動員組織として、国民総力朝鮮連盟や台湾皇民奉公会を組織し、行政機関と警察とが一体となって民衆生活のすみずみに関与、統制する仕組みをつくった。そのうえで植民地民衆の民族性を否定し、あらゆる面で日本人になることを強制する「皇民化」政策を推し進めた。

　朝鮮での戦時動員体制を強化するため、朝鮮総督府は子どもたちに毎朝の学校の朝礼で「皇国臣民ノ誓詞（児童用）」を唱えさせ、神社参拝・宮城遥拝《きゅうじょうようはい》などを実施した。また、朝鮮社会全体に、朝鮮語の使用禁止と日本語の使用、創氏改名（朝鮮の人々に日本風の氏をつくる「創氏」と、名前を変える「改名」を促した。創氏は強制、改名は任意であった。同化政策・皇国臣民化政策などの一環として、始祖《しそ》との血統を重視する朝鮮の家族制度を日本の「家制度」に組替えようとした）などを強制していった。「皇国臣民ノ誓詞」はおとなも唱えさせられ、新聞や雑誌は必ずこれを掲載しなければ発行も許されなかった。「皇国臣民ノ誓詞」は朝鮮総督府学務局長の通達で指示しただけであって法的根拠のないものだった。

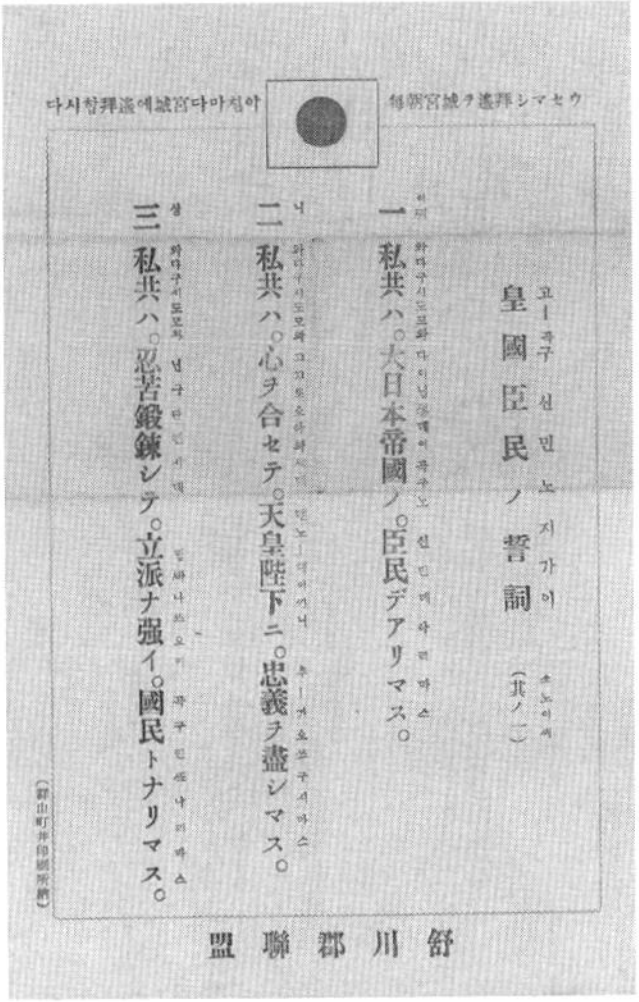
毎朝宮城ヲ遙拝シマセウ　아침마다宮城에遙拝합시다

皇國臣民ノ誓詞（其ノ二）

一　私共ハ。大日本帝國ノ。臣民デアリマス。

二　私共ハ。心ヲ合セテ。天皇陛下ニ。忠義ヲ盡シマス。

三　私共ハ。忍苦鍛錬シテ。立派ナ強イ。國民トナリマス。

舒川郡聯盟

「皇国臣民ノ誓詞」（児童用）カード
（『図録 植民地朝鮮に生きる』岩波書店，2012年）

　「誓詞」は朝鮮語に翻訳されラジオで放送されたこともあるが、日本語で唱えなければならないとして朝鮮語訳は禁止された。写真にある「誓詞」の文章の横に書かれているのはハングルだが、これは意味を書いているのではなく、日本語の読みをハングルに直しただけのものだ。日本語で唱えることさえできれば、その意味を理解していなくともよかったのである。子どもたちは意味もわからないまま、記号のように「誓詞」を唱えさせられた。これで本当の意味で日本人になる子どもは育ったのだろうか。

　朝鮮人が通う学校は普通学校・高等普通学校と呼ばれていたが、日本本土と朝鮮を一体化させるという「内鮮一体」のもとに日本人学校と同じように小学校・中学校と名称が変わった。それは皇民化教育を強化するためのものであって、朝鮮語の授業が随意科目とされ実質的に学校での朝鮮語教育は廃止されていった。学校数も増え続けたが、義務教育は実施されず、「内鮮一体」とは名ばかりのものだった。

（平井美津子）

〔参考文献〕戸田金一『昭和戦争期の国民学校』（吉川弘文館、一九九三年）、河口道朗『音楽文化 戦時・戦後―ナショナリズムとデモクラシーの学校教育―』（社会評論社、二〇二〇年）

問13 学校での子どもの統一化と制服の変遷について教えてください

一九三五年ころから学校生活が軍隊式に改められていき、軍隊式の敬礼が最も重要な礼儀とされた。学校の制服も、中学校では詰襟《つめえり》服、さらにカーキ色の国民服が増えた。

そして、学校教育のなかに、「軍人援護教育」が導入されていった。「軍人援護教育」とは、天皇や神社などを敬い、兵隊に感謝し、貯金や奉仕作業などをすることで、子どもたちを戦争へと動員するための教育が行われ、統一化がはかられていった。

学校生活

子どもたちの学校生活は、奉安殿《ほうあんでん》に参拝することから始まった。朝の会では、伊勢《いせ》神宮の方向に向かって拝礼、下校の時も奉安殿に参拝した。毎月数回は地域の神社に行き「武運長久」を祈願し、神社や戦死者のお墓の清掃、戦死した家への慰問《いもん》や手伝い、昼食時の学校放送では「戦線ニュース」が流され、習字や図画では戦意を鼓舞する文字やポスターをつくった。特に戦地にいる兵隊への「慰問文」の作成は重視され、「慰問文」作成マニュアルがつくられ、それにのっとって子どもたちは書いていった。「慰問文」は「慰問袋」に入れられ、図画・写真・お守り・キャラメル・缶詰などとともに戦地に送られた。兵隊に感謝の手紙を書くことで子どもたちを自発的に戦争に協力するような教育が行われていったのだ。戦争を銃後《じゅうご》で支える役割を子どもたちが担わされたといえる。

学校の学芸会では、中国を舞台にした劇が演じられた。

柿崎（陸軍）：私が明日の上陸部隊の連絡将校です。
松下（海軍）：ああそうですか。ご苦労さん、お互いにしっかりやりましょう。
柿崎：命を捨ててのご奉公です。私らの部下、私らの友達、みんな若い者の為に死んでいきます。
松下：お互いにがんばりましょう。あっ流れ星、こいつは幸先がよい。蔣介石《しょうかいせき》没落の前触れだ。
柿崎：貴君もお達者で。いづれ靖国《やすくに》神社で。（三重県の国民

学校で上演された劇のシナリオ、ピースあいち所蔵）

制服も髪型も決められた

戦争の長期化と物資不足のため、一九四一年には文部省は「制服生地の計画的生産並に配給機構の一元的統制」のために、男子の制服は上衣は茶褐色で国民服に準ずるもの、女子の制服は上衣は紺色、夏は白色、襟はヘチマ型と規定した。

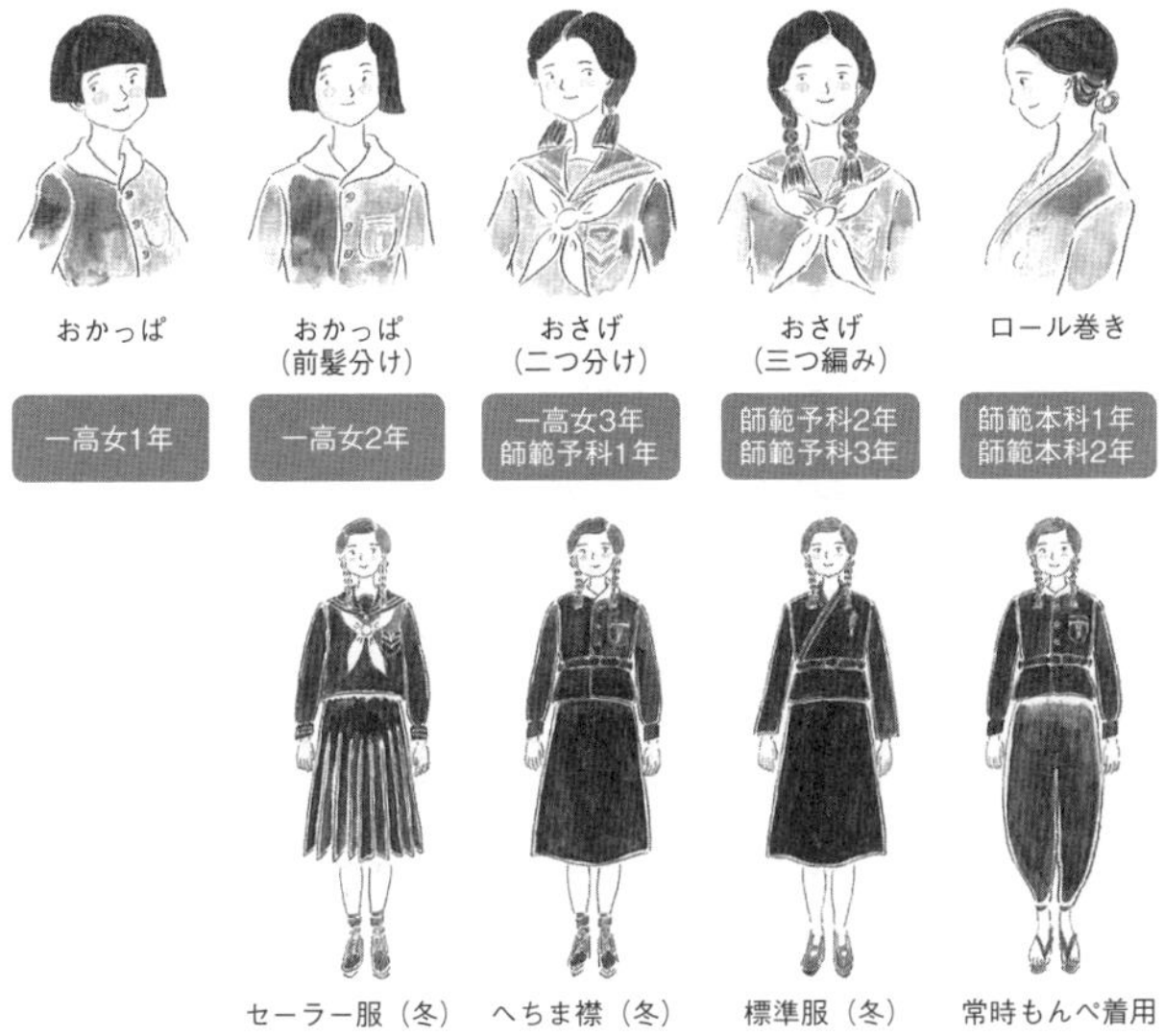

髪型と制服の統制（『ひめゆり平和祈念資料館 ブックレット』2021年）
セーラー服（冬）は1940年入学生，へちま襟（冬）は1941年以降の入学生，標準服（冬）は1943年以降の女師生徒，常時もんぺ着用は1943年から，普段は制服の上着ともんぺを着た.

女子のセーラー服やプリーツスカートは生地を多く用いるため廃止された。その後、戦況の変化に伴い、女子学生のスカートに替わりモンペが奨励されていった。モンペは野良着《のらぎ》（農村で着られていた農作業用の服装）だったが、戦威高揚の「決戦衣服」とも呼ばれた。空襲に備えるため防空服装を着用する日として「防空服装日」が制定され、スカートには火が燃え移るため、モンペ着用が呼びかけられた。女子の髪型の統制も行われ、沖縄のひめゆり学園（沖縄師範《しはん》学校女子部・沖縄県立第一高等女学校）では、学年ごとに髪型も決められた。

（平井美津子）

〔参考文献〕岩脇彰編『平和を考える戦争遺物① 子どもたちと戦争』（汐文社、二〇一三年）、飯田未希『非国民な女たち―戦時下のパーマとモンペ―』（中央公論新社、二〇二〇年）、大津尚志『校則を考える―歴史・現状・国際比較―』（晃洋出版、二〇二一年）

問 14

子ども文化政策はどのように展開されましたか

一九三八年になると内務省は「児童読物改善ニ関スル指示要綱」を出し、児童図書に対する国家による統制が始まった。児童図書を修身《しゅうしん》教科書に準ずる扱いにし、天皇に忠義を尽くし、奉仕や勇気などの心をもって困難を乗り越え、戦争に協力する子どもをつくるための絵本を含めた児童図書がつくられるようになっていった。

子どもを夢中にさせた戦争美談

一九三七年五月、文部省は『国体の本義』という冊子を配付し、臣民が心を一つにして、天皇に忠義を尽くすことが日本の真の国の姿だという考えを学校教育で徹底しようとしていった。

　当時刊行された絵本で最も人気があったのが、「肉弾三勇士《にくだんさんゆうし》」（爆弾三勇士ともいう）だった。一九三二年に上海にある中国軍陣地の鉄条網を破壊するために、爆弾を抱えた三人の兵士が突撃し、自爆することによって突破口を開いたという軍隊がつくり上げた美談である。新聞で発表されるやいなや「軍神《ぐんじん》」と持ち上げられ、絵本・漫画・映画・お菓子の景品・絵葉書・鉛筆削り・メモ帳など三勇士グッズがつくられ、当時の子どもで知らないものはなかった。

子どもを戦争に駆り出す絵本

一九四一年、アジア地域への戦争拡大を正当化しようとした日本政府は、「大東亜共栄圏《だいとうあきょうえいけん》構想」を打ち出し、アジア諸国の人々の独立と繁栄をはかるための聖戦だと主張した。同年に出された『初等絵本 興亜《こうあ》ノ春』（国民社、一九四一年）では、子どもに向けて次のようなメッセージを載せている。

　日本は今、シナの悪い軍隊と戦争をしています。日本や隣の満州国《まんしゅうこく》やシナなどが仲良く立派に暮らしていくには、どうしてもこの悪い軍隊に勝たねばなりません。そのために日本の兵隊さんたちが大勢ご苦労なさっていることは皆さんご存じのことです。そのおかげで今では、シナの悪い軍隊もだんだん追いつめられてきました。皆さんが安心して学校へ行ったり、遊んだりできるのも、みんな兵隊さんのおかげです。いつでも「兵隊さんありがとう」と思う心を忘れないようにしましょう。兵隊さんに慰問《いもん》のお手紙や慰問袋をあげたり、兵隊さんのお留守の家を手伝ったりするのは、みなさんの勤めです。

悪い中国、それを懲らしめる日本という単純な図式を子どもたちに刷りこみ、正義の国日本が欧米の植民地にされているアジア諸国を救って、みんなで繁栄していこうということを子どもたちに信じさせる絵本が子どもたちの周りにあふれていった。

「肉弾三勇士」（『講談社の絵本 忠勇美談』大日本雄弁会講談社，1937年）

子どもも戦え

「銃後《じゅうご》も武装せよ、一億国民は一人残らず『撃《う》ちてし止《や》まむ』突撃に参加しなければならぬ、子らも起て、女も武装せよ」と、一九四三年の新聞は国民に呼びかけた。子どもたちは「少国民《しょうこくみん》」として国のために尽くすことに疑問を持たず、男の子は兵隊に、女の子は従軍看護婦になることに憧れるようになった。

一九四三年、日本の戦況の悪化に伴いつくられた『必勝の歌』がラジオから流された。一番だけ紹介しよう。「肉を切らせて骨を断ち　骨を切らせて髄《ずい》を断つ　尊いニュースを聞くたびに　大和心《やまとごころ》の血がおどる　撃たでやまじの血がおどる」というものである。絵本『テキサアコイ』（啓明出版、一九四四年）も「くるならこい」を繰り返し、子どもたちに「空襲なんぞ恐れんの気迫をうえつけたい念願」でつくられたと書かれている。生活のすべてが戦争一色となり、そこから誰も逃れることはできなくなっていた。

（平井美津子）

〔参考文献〕山中恒『戦時下の絵本と教育勅語』（子どもの未来社、二〇一七年）

コラム2

「冒険ダン吉」

「冒険ダン吉」（島田《しまだ》啓三《けいぞう》作）は、戦前の日本の子どもたちが熱中したマンガである。けれど今のようなマンガではなく、絵物語といい挿絵と文章が半々に使われ、話が進んでいく作品だ。当時流行していた「紙芝居」文化が絵物語に大きな影響を与えたと、戦後に活躍するマンガ家、手塚治虫《てづかおさむ》がいっている。

「冒険ダン吉」を貸本屋で借りて読んだ子どもたちは、王様になった子どものダン吉が「未開」の南の島に文明を築いていく話に、当時日本統治（国際連盟の委任統治・事実上の植民地）にあった南太平洋の島々の風物を重ね合わせ胸躍らせた。一九三三～三九年まで『少年倶楽部《クラブ》』に連載され、同誌連載の「のらくろ」（次頁参照）と人気を二分した。

「冒険ダン吉」には、ハンモックに寝ているダン吉が母をなつかしむ場面がある。そのあとダン吉の両親が登場するのだが、これは現地の人たちが仮装したものだった。そうとは知らないダン吉は王として精いっぱいもてなそうとする。夜になりダン吉が寝静まったあと、ニセモノの両親は置手紙を残して去っていく。手紙には「わたしたちは、はるか日本から、おまえの成功を祈っている」と書いてあった。ダン吉は日本の方にむかって、バンザイを叫んだ。

「冒険ダン吉」連載前の一九三〇年、日本では「酋長《しゅうちょう》の娘」という歌がヒットしていた。日本の支配していたマーシャル諸島に移民した日本の男性が、現地の女性と結婚して酋長（王）になったという実話に基づいた歌である。サイパンやパラオ、マーシャル諸島などを当時の日本は「南洋群島《なんようぐんとう》」と呼び、サトウキビ栽培などのため、沖縄などからたくさんの移民を送り込んでいた。

「冒険ダン吉」は、けっして荒唐無稽《こうとうむけい》な物語なのではなく、日本の海外侵略政策と深く結びついていたのである。

（本庄　豊）

コラム3

「のらくろ」

マンガ「のらくろ」は満洲《まんしゅう》事変の年、一九三一年に雑誌『少年倶楽部《クラブ》』で連載が始まり、太平洋戦争勃発の四一年まで続いた。描いたのは田河水泡《たがわすいほう》。同誌連載の「冒険ダン吉」（一九三三～三九年、前頁参照）と並ぶ人気だった。野良犬（孤児）であるのらくろ（野良犬黒吉《のらいぬくろきち》）が軍隊「猛犬聯隊《れんたい》」に二等卒（二等兵）として入り、失敗をしながらも手柄を立て、大尉にまで昇進していく成功物語である。舞台のモデルとなったのは、大日本帝国陸軍だった。

戦中の軍国主義的な風潮の後押しもあり、「のらくろ」は大ヒットし、アニメーションにもなった。そうしたなかで、キャラクターグッズも販売された。主人公・のらくろだけではなく、聯隊長ブル大佐、モール中隊などたくさんのキャラクターが登場するのも少年たちには面白かったのだろう。マンガのなかのキャラクターは、実際の戦争とは違い、ほとんど死ななかった。

マンガ「のらくろ」に、豚《ぶた》の国の捕虜《ほりょ》たちにむかって、のらくろ隊長がこんなことをいうシーンがある。「我が方では豚の国をたすけて守備隊まで出して豚を守っているのである。それだのに態にだまされておだてられてお前の方からこの戦争をしかけて来たのだぞ」。日本が中国（豚の国）を攻めているのを正当化する言葉である。

圧倒的人気をほこった「のらくろ」が連載中止に追い込まれたのは、戦時色がますます強まるなか、政府から「ふざけものは掲載を許さない」といわれたからだった。

戦後になり、マンガ「のらくろ」は雑誌『丸《まる》』に再び連載されるようになった。軍隊を描いてはいたが、内容は厭戦《えんせん》（戦争を嫌う）的なものとなった。「のらくろ」は自分の家族の物語だ、と田河水泡は証言している。田河には孤児として少年期を過ごした体験があった。

（本庄　豊）

問 15

沖縄戦前、国は子どもたちにどのような指示を出したのでしょうか

沖縄の子どもたちは、沖縄戦の前年から地上戦のために配備された日本軍将兵と暮らしをともにしていた。生活のすべてが戦争一色になり、生きるも死ぬも軍隊と一緒という思想が植えつけられていった。

一本の草木も戦力だ

沖縄では一九四三年から、伊江島《いえじま》・嘉手納《かでな》・読谷《よみたん》の三ヵ所で飛行場建設が始まっていた。南西諸島一帯の〝不沈空母〟化を目指し、多くの県民が動員されていた。一九四四年三月に第三二軍が沖縄に創設されると、県内一六ヵ所で飛行場建設が本格化し、青年学校生・男子中学生・女学生・国民学校の子どもたちまでもが勤労奉仕作業に動員された。石を砕いて運び、滑走路に敷き詰めて平らにならす作業は子どもにとって重労働だった。

七月から八月にかけて、地上戦闘部隊が続々と沖縄に送り込まれると、学校や公民館、民家までもが兵舎や倉庫として使用されるようになった。七月一一日の校長会で「学校校舎は郷土部隊に無期限無条件で貸す」と決まったため、子どもたちは製糖工場や民家などに分散して授業を受けることになった。しかし、地上戦に向けた陣地構築にかり出されることが増え、授業は少なくなっていく。

第三二軍の牛島《うしじま》満《みつる》司令官は、八月一〇日、今後の基本方針として「現地自活に徹すべし（中略）現地物資を活用し一木一草といえどもこれを戦力化すべし」と訓示した。沖縄の人も物もすべて根こそぎ、戦争のために使うと打ち出したのである。子どもたちには、兵士一人が入るための蛸《たこ》つぼ壕掘りや敵戦車の進行を遅らせるための戦車壕構築、陣地壕を結ぶ交通壕掘り、高射砲陣地の建設などが割り当てられた。掘削作業はもとより、そこで出た土をザルで運び出したり壕内の枠に使う松の木の皮を剝いで運んだりした。

おとなたちが兵隊や陣地構築に徴用されたため、子どもには食糧増産という重要な役割も課せられた。学校の花壇や運動場を農場に切り替えるほか、「決戦食糧」としてモーアー

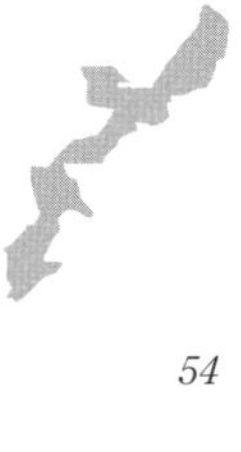

サ（イシクラゲ）やニンジンの葉を乾燥して貯蔵するよう指示された。さらに軍への供出も求められ、週に一回、一人一個以上のイモを学校へ持ってくるよう義務付けられたり、アオガンピ（紙の原料）のつみ取りやヒマ（飛行機の潤滑油）の栽培・種の供出もあった。国民学校高等科生や青年学校生による「農兵隊」と呼ばれる食糧増産隊まで編成された。

作業がない日は、青年団員が敵のスパイ上陸阻止の巡回警戒に動員されたり（南城《なんじょう》市奥武島《おうじま》）、学校を卒業した者が対空監視（北谷町《ちゃたんちょう》）や対海監視（浦添市《うらそえ》）にかり出された。戦場動員さながらの徴用がすでに行われていたのである。

木材を運ぶ男子学生（Urthman's Genealogy Blog）

不要な人間の排除

一九四四年七月、サイパン島の日本軍が玉砕《ぎょくさい》すると、政府は軍からの要請に基づき、奄美大島《あまみおおしま》・徳之島《とくのしま》・沖縄島・宮古《みやこ》島《じま》・石垣島《いしがきじま》の五つの島から老人・幼児・女性を島外へ引き揚げさせることを決定した。サイパン戦の教訓から、戦闘の妨害になる民間人を排除し、限られた食糧を軍に回すためである。沖縄県は県外転出実施要綱をつくり、六〇歳以上一五歳未満の人々、女性・病人のほか軍などが県内に「在住の必要なしと認むるもの」を対象に、他県と台湾に向けて転出の手続きを始めた。

一方、県外疎開しない家庭の子どもをどうするかが問題となった。七月一八日の臨時校長会は「初等科三年以上の男子は将来の大事な人的資源である」として学童集団疎開を決定、翌日には県が沖縄県学童集団疎開準備要項を交付した。疎開対象は国民学校初等科三〜六年生までの男児希望者、ただし一・二年生でも発育が十分であれば許可するとした。疎開を勧める際は、父母たちが敗戦的な思想に陥らないよう「防衛態勢の確立強化」のためと話すよう注意された。

しかし、疎開人数は増えなかった。日本兵は沖縄の危険性など決して話さないし、一度も空襲を受けたことのない県民に切迫感もなかった。そして何より、渡航の危険性を知っていた。当時一三歳の當眞嗣長さんは、恩納村《おんなそん》の海岸に遭難した人たちのものと思われるあらゆる物が漂着し、時には「日本兵士の遺体も」あって、先行きを考えると「気も暗くなるばかりであった」と語る（『恩納村民の戦時物語』恩納村遺族会、二〇〇三年)。沖縄周辺の海はすでに戦場だったのである。

しかし軍の急速な配備に伴って緊迫感が高まり、もし沖縄が戦場になっても、疎開した子か沖縄に残った子のどちらかが生き残れば血筋を残せるとの考え方も広まって、希望者が増えていった。

そんななか、対馬丸《つしままる》撃沈事件が起きる。八月二二日夜一〇時二三分、沖縄からの疎開者と船員・将兵ら計一七八八人を乗せた対馬丸が長崎に向けて航行中、トカラ列島悪石島《あくせきじま》沖で米潜水艦ボーフィン号の魚雷攻撃を受け撃沈された。犠牲者は学童七八四人を含む一四八四人(二〇二〇年九月四日現在)。撃沈の噂が広がると、真相を求めて半狂乱になる親が続出した。生還した国民学校四年生だった上原清さんは、箝口令《かんこうれい》(口外の禁止)が敷かれ、撃沈の事実をいっさい口外してはならないといわれた言葉が「胸にくさびを打ち込まれたかのように突き刺さった」(上原清『対馬丸沈む』)という。

第三二軍は八月二四日の段階で対馬丸沈没を知っていたが、それを極秘にした。そもそも同軍は、創設から対馬丸が出航するまでの五ヵ月間に、四三回の敵潜水艦発見と一四隻の日本船沈没を記録している。周辺海域の危険性を知りながら県民にはそれらをひた隠しにし、船に乗って島を出ることを勧めたのである。沖縄県民の疎開は、人命の尊重や非戦闘員の安全地帯への避難という目的で行われたのではなかった。

学童集団疎開は九月下旬でほぼ終了した。一〇月末時点で宮崎・熊本・大分各県に疎開した児童数は計六一一一人を数えた。子どもたちは約二年にわたって疎開生活を強いられる。それはのちに「ヤーサン(ひもじい)、ヒーサン(寒い)、シカラーサン(さみしい)」と語り継がれることとなった。

進んで死ねる・迷わず殺せる子どもに

第三二軍が駐屯する五ヵ月前から、沖縄では「大舛《おおます》精神浸透運動」が展開されていた。大舛とは与那国島《よなぐにじま》出身の陸軍中尉大舛松市《まついち》(没後大尉に特進)のことで、一九四三年一月、ガダルカナル島で壮絶な戦死を遂げた。陸軍省は一〇月になってようやく敗北の事実を公表するとともに、大舛の功績が天皇にまで達したと明かした。これが沖縄地元紙に掲載されると、大舛は沖縄初の「軍神《ぐんしん》」として賞賛され、県民の戦意高揚に励む教育関係者に最大限に利用されていったのである。

スローガンは「大舛大尉に続け」。沖縄連隊区司令部の井《い》口駿三《ぐちしゅんぞう》司令官は「若い青少年はこの先輩につづいて米英撃滅の第一線へ総決起するのだ。(中略)第二の大舛、第三の大舛がどしどし出てもらいたい」(『朝日新聞』沖縄版一〇月二〇日)と語った。一一月八日には那覇《なは》市奥武山《おうのやま》公園で大舛大尉偉勲顕彰県民大会が開催され約一万人が参加、式後は六〇

○○人の学徒が分列行進を行うなど運動は最高潮に達した。

一九四四年、沖縄県は『決戦教育の運営』を刊行し、「皇国必勝の思想態勢の確立」のために「皇国史観の確立、大舛精神の昂揚《こうよう》」、「絶対服従の精神の涵養《かんよう》」をあげた。さらに県教学課はこの年の教育界の目標に「死ねる教育」を掲げた(『朝日新聞』沖縄版一月一日)。「大舛精神」は、激越なスローガンとして子どもたちに死を選択させる後押しをした。

学校現場では暴力への親和性が図られていった。渡慶次《とけし》国民学校三年生だった与那覇吉秋さんは、クラスで誰か悪いことをすると、先生が全員を二人一組で向き合わせて殴り合わせたという。運悪く友達と向き合った時はどうしても殴れなかったが、皆の前で叩けといわれ、できないと自分が先生に叩かれる。結局、一度叩いてしまうと「その後はお互い顔が真っ赤になるまで」叩いてしまった(『読谷村史』五、二〇〇四年)。学校前にルーズベルトやチャーチルの藁《わら》人形を立て、竹ヤリで突いたり石を投げることを義務付け、敵愾心《てきがいしん》をあおる地域もあった(『那覇市史』二の中の六、一九七五年)。思考を停止させ、暴力への抵抗感をなくす教育が推進された。

朝鮮人を蔑《さげす》む思想も醸成された。運天《うんてん》港で荷揚げ作業をする朝鮮人作業員の監視を命じられた一六歳の具志堅均さんは、「もし怠ける者があったらすぐ叩いていいから」と棒を持たされ、「僕は三回くらいやりました」(『名護市史叢書一六』二〇一〇年)という。学校で教わったのかわからないが、「日本人が一等国民」で朝鮮人は「三等国民」「奴隷」という意識があった。些細《ささい》なことでもなんくせをつけて殴り倒され、ムチで叩かれる朝鮮人を、多くの子どもが目にしている。

第三二軍は一九四四年一一月の「報道宣伝防諜《ぼうちょう》等ニ関スル県民指導要綱」で「軍官民共生共死の一体化」を打ち出す。翌年、長勇《ちょういさむ》参謀長は県民に向けて「軍の指導を理屈無しに素直に受け入れ全県民が兵隊になることだ。即ち一人十殺の闘魂を持って敵を撃砕するのだ」(『沖縄新報』一月二七日)と檄《げき》を飛ばした。二月一五日、全部隊に向けた戦闘指針「一機一艦船 一艇一船 一人十殺一戦車」で、陸海空すべてにおける特攻作戦を推進する。

子どもたちが死を拒まず、むしろ死を選びとるよう仕向け、躊躇《ちゅうちょ》なく殺人ができるようにコントロールした教育が結実しようとしていた。

(吉川由紀)

〔参考文献〕上原清『対馬丸沈む』(対馬丸記念会、二〇〇六年)、『沖縄県史 各論編六 沖縄戦』(二〇一七年)、『沖縄戦を知る事典』(吉川弘文館、二〇一九年)、川満彰『沖縄戦の子どもたち』(吉川弘文館、二〇二一年)

コラム4

徴用ばかりのみじめな毎日
―伊江島飛行場建設

「伊江島《いえじま》には今でも行きたくないね。一緒に行った人たちとは、会うと今でも『みじめだったねー』と話をするよ」。一五歳の時、二度にわたって伊江島飛行場建設に動員された体験をそう語る崎浜涼子さん（『名護市史叢書一六』二〇一〇年）。朝から夕方まで、真夏の太陽の下、裸足で作業をした。砕いた石をモッコにのせ女性二人で担いで運び、滑走路をならす。伊江島は水が少ないため顔さえ洗えず、つけっぱなしの着物にはシラミがわいた。宿舎へ戻ってもまともな食事はなく、大きな虫の入った麦ごはんを食べて腹を壊した。空腹なので畑のピーナツをとって食べ、また腹を壊す。しょっちゅうトイレに駆け込むが、それも地面に穴を掘って簡単な囲いをしただけの粗末なもの。「お尻は何で拭いたのか、覚えていない」という。当初は一〇日間の約束だったのに五日間の延期を言い渡されて泣いた。十・十空襲後に二度目の徴用をされた時は宿舎も焼失しており、墓で寝泊まりするようにいわれた。

「あの墓もこの墓も徴用で来た人々でいっぱい」（『本部町《もとぶちょう》』町民の戦時体験記』一九九六年）だったと振り返る湧川幸子さんも当時一五歳。気味が悪く、墓の中は空気も悪かったので深夜まで浜辺で過ごした。飛行場建設だけでなく陣地壕掘りにも動員され、兵隊たちと一緒にトロッコで土運びをすることもあった。汗と土にまみれても浴びる水がないため真冬の海へ行って汗を拭いた。

羽地《はねじ》青年学校の職員として約七〇人の女生徒を引率し伊江島へ徴用された大城幸子さんは「ひとりでも過ちがあってはいけない」（『母たちの戦争体験』一九八六年）と細心の注意を払った。一五、六歳の少女にあてがわれた宿舎は「家畜小屋同様の住まい」。トイレの問題も深刻だった。露天に掘った穴の周りを松の枝で囲っただけのトイレは、松の枝が枯れて葉が落ちると中が丸見えになる。少女たちはどれほど恥ずかしかっただろう。大城さんは隊長にお願いして、残り物の材料で周りを囲ってもらった。

人々は徴用先で家畜同然の生活を強いられながら、軍に尽くした。すべては戦争に勝つためだった。

（吉川由紀）

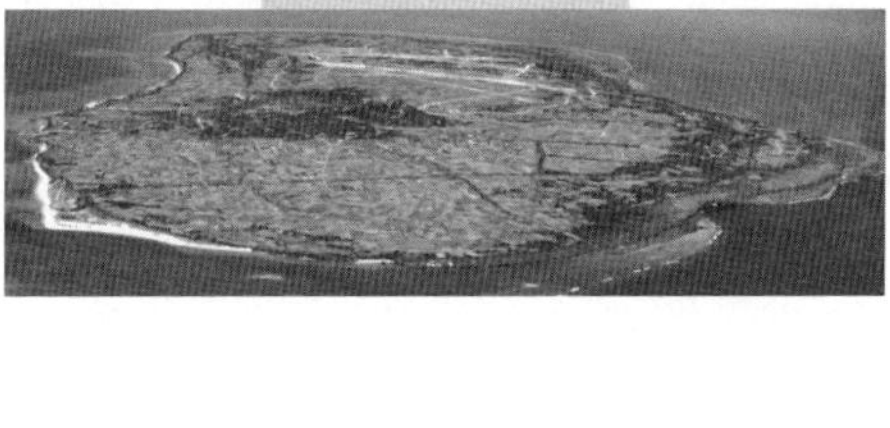

コラム5

子どもたちと皇軍兵士

日本軍将兵は沖縄の子どもたちを可愛がった。自宅に兵隊が寝泊まりしていた当時六歳の大城善昇さんは、「伍長《ごちょう》さんは四十歳位の太った人で、大変優しく、時々僕を馬に乗せてくれた。（中略）オヤツの焼芋づくりも楽しくやった」（『玉城村史《たまぐすくそん》』六、二〇〇四年）と振り返る。三角兵舎に遊びに行ったり飛行機に乗せてもらう子がいた。通信兵に受信・発信を教わることもあった。学校では遊戯や歌を練習して、部隊の「慰問《いもん》」に出かけた。

一方でむき出しの暴力に接することもあった。一九三四年生まれの安里昌榮さんは、学校の敷地内で馬の手入れをする下級兵が、上官が通るのに気付かず敬礼をしなかったということで呼び出され、鉄砲の柄《え》で土手の下に何度も突き落とされるのを見た（『北《きた》中城村史《なかぐすくそん》』四、二〇一〇年）。夜勤を終えた兵士が休憩していたところを班長にみつかり殴る蹴るの暴行を受けていたが、恐ろしくて声をかけられなかった少女もいる。病弱な沖縄出身兵が、休養中に宿泊先の家のおかずを黙って食べたという理由で兵長から激しい暴力を受け、そのうえ「ハチメーナービ」（大鍋）を被って立てと命じられていた。兵士の自殺未遂に遭遇することもあった。

子どもの遊びにさえ日本兵は敏感だった。米軍上陸前のある晩、食糧をとりに仲間三人と集落へ戻った中学一年生の高良健二さんが、寂しさを紛らわそうと、日本兵から教わったモールス信号や軍歌をハーモニカと交えて歌っていた。するといきなり数名の将兵が現れ四人を連行、「銃に着剣した大勢の日本兵が私たちのまわりを二重三重に取り囲んだ」（『豊見城村史《とみぐすくそん》』六、二〇〇一年）。米軍に通信するスパイだと疑いをかけられたのである。

日本軍は沖縄全域にのべ一四四ヵ所の「慰安所《いあんじょ》」を設置（『沖縄戦を知る事典』吉川弘文館、二〇一九年）したが、南城《なんじょう》市知念《ちねん》に駐屯した部隊はそれを、知念国民学校そばの診療所に置いた。学校帰りの子どもたちは物珍しそうに周囲に集まったという。豊見城では、慰安所の前で行列に並びながら順番を待つ間、日常的に子どもと遊ぶ兵隊もいた。子どもたちは皇軍兵士の本質と隣り合わせで生きていたのである。

（吉川由紀）

問

16

鉄血勤皇隊・女子看護隊の戦争を教えてください

沖縄戦では、一四～一九歳の男子生徒が兵士として日本軍に動員された。鉄血勤皇隊《てっけつきんのうたい》・学徒通信隊と呼ばれる彼らは戦場でさまざまな任務を負い、動員数の約半数が命を失った。また一五～一九歳の女学生も看護要員として軍隊に動員された。彼女らは、日本軍の病院で負傷兵の看護などの任務を負い、動員数の約三分の一が命を失った。

軍事化されていく教育と学園

一八八〇年代、「富国強兵《ふこくきょうへい》」が国策の柱になってくると、政府は国家主義的な教育を推進するようになった。学校教育のなかでは男子生徒には将来の兵士となるための軍事教育が行われ、女子生徒には将来の兵士（男子）を産み、育てる役割を担うための「良妻賢母」教育が重視された。一八八七年沖縄では全国に先んじて天皇・皇后の写真である「御真影《ごしんえい》」が各学校に下賜《かし》された。また、天皇に対する忠孝を説く教育勅語が発布され、沖縄戦直前まで学校の行事などで必ず読まれた。こうした皇民化教育によって、天皇は神であるという畏敬《いけい》の念や国家を守らねばならないという忠誠心がつくられ、天皇の臣民であることが学校現場で徹底的に教えられた。

第一次世界大戦前の一九一三年の暮れから翌一四年はじめにかけて、九州の第六師団が沖縄で軍事演習を実施している。演習のシナリオには正規軍の補助兵力として義勇軍と学生隊が想定されており、この演習は三一年後、実際に沖縄戦での学徒たちの戦場動員という最悪の形で現実のものになる。

満洲《まんしゅう》事変から日中戦争という日本の侵略戦争が全面化するなかで、国民の戦争への動員体制はさらに強化され、生徒たちの学園の軍国主義・国家主義化は学徒の勤労奉仕・体力増強という形で進められた。勤労奉仕は一九三八年六月の「集団的勤労動員作業運動実施ニ関スル件」によって具体化され、出征軍人の留守家族宅の農作業手伝い、幼児保育などを実施するという形で強化されていった。体力増強は「国民体力法」が施行されたことで、「障害通過」「土嚢《どのう》運搬」「手《しゅ》榴弾《りゅうだん》突撃」などの国防競技という形で教育に取り入れられ

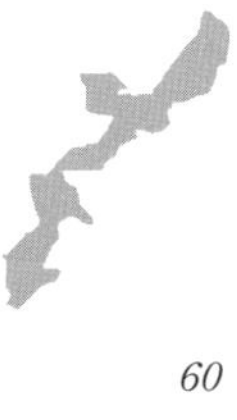

男子学徒隊一覧表

学　校	学校所在地	学徒隊	配置場所（市町村など）	動員数	戦死者数
沖縄師範学校男子部	那覇市首里	鉄血勤皇隊	首里⇒摩文仁	386	226
県立第一中学校	那覇市首里	鉄血勤皇隊 通信隊	首里・豊見城⇒八重瀬 首里⇒摩文仁	190 115	205
県立第二中学校	那覇市松尾	鉄血勤皇隊 通信隊	金武⇒本部 浦添⇒南部	20 120	115
県立第三中学校	名護市名護	鉄血勤皇隊 通信隊	今帰仁（302高地）・名護岳 本部	297 66	42
県立工業学校	那覇市首里	鉄血勤皇隊 通信隊	八重瀬 首里・浦添⇒摩文仁	3 91	85
県立水産学校	那覇市垣花	鉄血勤皇隊 通信隊	恩納岳⇒久志岳 首里⇒摩文仁	27 22	31
県立農林学校	嘉手納町嘉手納	鉄血勤皇隊	嘉手納⇒本部・東	170	23
那覇市立商工学校	那覇市若狭	鉄血勤皇隊 通信隊	首里⇒糸満 首里・大里⇒南部	36 63	73
私立開南中学校	那覇市樋川	鉄血勤皇隊	浦添 糸満・首里⇒南部	68	66
県立宮古中学校	宮古島	鉄血勤皇隊	野原岳	不明	不　明
県立八重山中学校	石垣島	鉄血勤皇隊	石垣	不明	不　明
県立八重山農学校	石垣島	鉄血勤皇隊	石垣	不明	不　明

女子学徒隊一覧表

学　校	学校所在地	学徒隊	配置場所（市町村など）	動員数	戦死者数
沖縄師範学校女子部	那覇市安里	ひめゆり学徒隊	南風原・南城・那覇⇒糸満	157	81
県立第一高等女学校				65	42
県立第二高等女学校	那覇市松山	白梅学徒隊	東風平・八重瀬⇒糸満	46	17
県立首里高等女学校	那覇市首里	瑞泉学徒隊	南風原・浦添・那覇⇒糸満	61	33
沖縄積徳高等女学校	那覇市久茂地	積徳学徒隊	豊見城⇒糸満	25	3
昭和女学校	那覇市泊	梯梧学徒隊	南風原・那覇	17	9
県立第三女学校	名護市	なごらん学徒隊	八重岳	10	1
県立宮古高等女学校	宮古島	宮古高女学徒隊	鏡原	48	1
県立八重山高等女学校	石垣島	八重山高女学徒隊	石垣・於茂登岳・バンナ岳	約60	1
県立八重山農学校（女子）	石垣島	八重山農（女子）学徒隊		16	0

注）『沖縄戦の全学徒隊』より作成.

た。明治神宮外苑《がいえん》での全国大会で県立第三中学校が「障害通過」競技で日本一になったこともあった。学徒たち一人ひとりの成長は、将来の兵士の養成という形で結びついていった。

沖縄戦前夜の学徒たち

一九四四年三月、第三二軍が創設され、沖縄に配備された。いよいよ沖縄が戦場になることが現実味を帯び、県内全域が臨戦態勢に入っていく。県民総動員で食糧増産・飛行場建設・陣地構築などが急ピッチで進められていった。これらの労働力は学徒も大きく担うことになり、学校での授業も次第に減らされていった。同年一二月、最精鋭の第九師団がフィリピン戦線に投入されるため台湾へ抽出されることによって、軍と県は学徒隊の戦場動員を検討していく。県側の真栄田義見《まえだぎけん》と第三二軍の三宅忠雄《みやけただお》参謀との間の話し合いが行われ、男子生徒を軍に動員し、女学生上級生に対しては看護訓練を実施することが決定された。召集にあたっては学校があらかじめ一四～一七歳までの生徒の名簿を作成して県知事を通じて軍に提出し、その名簿をもとに軍が召集をした。当時の軍との関係でその要求を拒むことは厳しいとはいえ、県と学校が密かに合意し、生徒を守るべきおとなが生徒たちを軍に動員した責任は免れようがなく重大である。これを受けて、男子学徒は動員に備え、陣地構築・軍事訓練に追われていった。

一方、女子学徒は一九四五年の年明け早々から軍病院、各地の野戦病院での看護訓練に入っていった。看護のみならず、生活全般に軍隊式の規律が求められ、少しの落ち度でも怒鳴られ、ビンタの制裁が加えられた。

学徒の戦場動員

一九四五年三月二三日、米軍の上陸前空襲が始まり、この日以降、沖縄全域は激しい空襲と艦砲射撃にさらされた。高等女学校の女学生たちは軍の病院施設に配属となり、その二日後の三月二五日には男子中学校生に対して学徒動員令が下され、上級生は主に戦闘部隊補助の後方任務を担う「鉄血勤皇隊」と下級生は「通信隊」に編成された。通信隊は有線(電話線の架設・修理など)・無線(無線機の送受信、発電機の操作など)・暗号(電報の解読・配達など)の三つの班に分かれた。県知事島田叡《しまだあきら》は、学徒動員前の一九四五年二月上旬の訓示で「鉄血勤皇隊は戦闘部隊ではない、学生の本分を尽くすのが第一」といった趣旨のことを述べている。しかし、実際に彼らは壕掘り・糧秣《りょうまつ》運搬・炊事・立哨《りっしょう》・伝令・負傷者の担送などあらゆる後方任務につき、いつしか前線での弾薬運びや小銃携帯での戦闘参加、爆雷を抱えての斬り込み攻撃など一般兵士とまったく変わらない役割を担った。師範《しはん》鉄血勤皇隊員のなかには軍司令部から戦果を住民に伝達する宣撫《せんぶ》工作の任務を負った学徒もいた。また通信隊は、のちに無線や有線が使えなくなると、伝令として身を弾雨のなかにさらしながら戦場を駆け回らせることになり、犠牲者は増えていった。

女子学徒たちの主な仕事は負傷兵の食の世話や汚物の処理、包帯交換などだったが、手術室に配置された学徒は照明用のローソク持ちや切断する手足を押さえ、それを捨てることだった。その他に砲弾の飛び交う壕の外に出ての飯上げ（食事の受け取り）や水汲み、死体の埋葬、伝令など、命懸けの仕事もあった。病院壕のなかは血と膿《うみ》と排泄物の悪臭が充満し、負傷兵のうめき声と「水をくれー」「飯をくれー」という怒号が絶えなかった。負傷兵の傷口にはウジがわき、それを取り除くのも学徒たちの仕事だった。患者の食事は一日におにぎりが一個か二個しかなく、次第にその大きさも小さくなり、ピンポン玉の大きさに変わった。戦場で負った兵士のけがは、目玉が飛び出す、顎《あご》がない、腸《はらわた》が飛び出すなど、目もあてられず、戦争前には想像もできないものだった。ケガによる脳症で頭をやられた負傷兵、手足を手術で切断された負傷兵でごった返した病院壕内はこの世の地獄と化していった。

全学徒隊の塔

戦場の実相と命を奪われた学徒たち

五月下旬、米軍は日本軍司令部のある首里《しゅり》に迫ってきた。第三二軍は一日でも米軍の本土上陸を遅らせるために、南部への撤退を決めた。それに伴い、中南部に配置された学徒らにも南部撤退の命令が下され、配置されていたほとんどの学徒隊は五月二五日～六月三日の間に南部へ撤退した。撤退中に米軍の攻撃を受け命を落とす学徒も続出して、軍と行動を共にすることになった学徒隊の犠牲はさらに大きくなっていった。北部では日本軍が壊滅状態となり、多くの学徒は解散状態になるものの、遊撃戦に参加させられ戦死した学徒もいた。約三ヵ月にわたる沖縄戦によって男子学徒は一六七四人のうち八六八人が、女子学徒は四五七人のうち一八八人が戦死した。

（瀬戸隆博）

〔参考文献〕『ひめゆり平和祈念資料館資料集四　沖縄戦の全学徒隊』（二〇〇八年）、林博史『沖縄戦が問うもの』（大月書店、二〇一〇年）

問17 少年兵・護郷隊の戦争を教えてください

一五〜一八歳の沖縄の少年を地上戦の最前線に立たせ、投降を許さず司令部が崩壊したのちも最後の一兵まで戦わせようとした護郷隊《ごきょうたい》という部隊がいた。その事実は鉄血勤皇《てっけつきんのう》隊《たい》・ひめゆり学徒隊に代表される男女学徒隊の体験にくらべ、知る人は少ない。

護郷隊の編成

護郷隊とは遊撃隊の秘匿《ひとく》名であり、正規軍が崩壊したのちも現地にとどまり、敵の後方を攪乱《かくらん》し、情報を収集する残置《ざんち》諜報《ちょうほう》部隊であった。彼らの任務はゲリラ戦であり、圧倒的に戦況が不利で、戦力差がある敵に対し、奇襲攻撃を繰り返し戦力をそぎ消耗させることである。すでに日本が侵出した東南アジアで第一・第二遊撃隊が編成されていた。日本軍の要衝《ようしょう》だったサイパンが陥落し絶対国防圏が崩壊、一九四四年八月、大本営《だいほんえい》から第三・四遊撃隊（第一・第二護郷隊）の編成命令が下された。

この編成命令にある召集対象者はまだ召集年齢に達していない「少壮積極果敢なる」（若くて意気盛んな）者とし、この遊撃隊の秘匿名は故郷を護る部隊「護郷隊」と名付けられた。護郷隊を編成し、少年たちをゲリラ戦の兵士に養成したのが、ゲリラ戦を熟知した村上治夫《むらかみはるお》・岩波壽《いわなみひさし》らを中心とする陸軍中《なか》野《の》学校出身者だった。特殊勤務部隊、離島への残置諜者を含めると四二人の陸軍中野学校出身者が沖縄に入っていた。

待っていた厳しい訓練と暴力

召集された少年たちは「軍国少年」であり、兵士に憧れていた者も多く、護郷隊が訓練を終えて集落にいったん戻ってきた隊員の姿は、地元少年たちの羨望《せんぼう》の的《まと》でもあった。

しかし、「護郷隊」での訓練は大変厳しかった。少年たちを実際に指導したのは同郷の先輩たちであったが、軍隊に入ってからは暴力をふるう恐怖の存在であり、地域にいた時のやさしかった思い出はまったく失せてしまっていたという。隊のなかでミスをすると「対抗ビンタ」で腫れ上がるまでお互いに殴らせ、部品をなくすと見つかるまで「犬のように這《は》

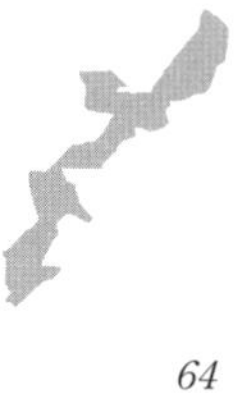

って」探させる、軍人勅諭が覚えられないと捧《ささ》げ銃《つつ》で何時間も立たされたなど、訓練中の暴力・制裁は日常化していた。

護郷隊の戦闘とその実相

米軍は四月一日に沖縄本島に上陸、中南部に主力部隊を投じる一方、北部の日本軍への攻撃を開始した。四月七日に米軍は名護《なご》湾に上陸後、北上する部隊と合流し、第一護郷隊の潜む多野岳《たのだけ》に迫ってきた。対峙する護郷隊は圧倒的な劣勢のなか遊撃戦を開始した。本部小隊の宮城正信は接近する米兵に対して攻撃準備をしていたが、宮城自身は銃ではなく竹槍しか持っていなかった。戦友から渡された小銃で米軍へ向け一発撃つと米軍からの雨あられの攻撃を受けたという。第一護郷隊で最も戦死者を出した第三中隊では銃が二人に一丁と竹槍しか持たないなかで最前線に送られた。この無謀な作戦で三五人の戦死者を出すことになった。また戦況のなかで隊員たちに深く暗い影を落とす事件も起きた。米軍が占拠した名護真喜屋《まきや》・稲嶺《いなみね》集落には自分の家があったにもかかわらず、焼き討ち攻撃をかけた。照屋義松（当時一五歳）はそのことを深く悔み、戦後苦労したことにつながったと明かしている。戦闘ではなく、味方の隊員に命を奪われた隊員もいた。屋比久松雄は自隊への帰還が遅れたことから、分隊長がスパイと決めつけ、部下たちに屋比久の手首を拘束させ仲間の隊員に銃殺を命じた。戦後、屋比久を殺してしまった仲間はお墓に手を合わせていたという。

護郷隊が破壊した恩納村の赤橋

恩納岳《おんなだけ》に拠点を置いた第二護郷隊は約二ヵ月にわたって、米軍への遊撃戦を展開した。護郷隊の大きな任務である「橋《きょう》梁《りょう》爆破」「道路破壊」は米軍の進攻を妨害することに成功したかにみえたが、米軍はごく短時間で補修し、その影響はほとんどなかった。逆に橋が壊されたことによって、北部へ避難しようとした住民の移動に困難をきたした。なけなしの大切な食糧も持っていくことさえできない状況となり、北部へ避難した時の食糧不足・栄養失調につながった。橋を爆破した金城幸昭（当時一五歳）は故郷を守る護郷隊でありながら、結果的に住民に苦労をかけたと涙ながらにその体験を語っている。米軍は戦車砲・迫撃砲・艦砲射撃を本拠地恩納岳へ向けて打ち込み、猛攻を加えていった。恩納岳から連なる稜線のタコ壺にこもって戦闘態勢に入っていた隊員が、迫撃砲の直撃を受け顎《あご》から上がなくなったのを間近でみて震え上がり、銃を撃てなくなった隊員もいた。米軍は東西の横断線を占領しながら、次第に護郷隊の戦線を制圧していった。恩納岳の野戦病院には負傷兵が激増、食糧が底をつくなか撤退の時がやってきた。遊撃戦の最中、米軍の手榴弾《しゅりゅうだん》の破片が右頬《ほお》を貫通し、上下の奥歯四本が砕かれる重傷を負い、後方任務についていた瑞慶山良光（当時一六歳）は不眠不休で遺体を埋める作業を行ったという。

撤退時、歩ける者だけが恩納岳を離れることができたが、動けない者は放置、銃殺された。重傷を負っていた高江洲義英（当時一七歳）は軍医に銃殺されたが、その事実が親族に伝えられたのは戦後七〇年以上経ってからであった。

護郷隊は日本の歴史上はじめて当初から遊撃戦を行うために教育・養成され、沖縄戦で実戦配備された少年ゲリラ兵であり、合計一六〇人（第一＝九一人、第二＝六九人）の戦死者を出した。生き残った者たちにも深い心と体の傷を残した。少年たちの命を奪った遊撃戦は沖縄戦で終わることなく、本土決戦で実行するため陸軍中野学校関係者が配置され、準備が進められていた。

第三二軍牛島満《うしじまみつる》司令官・長勇《ちょういさむ》参謀長が摩文仁《まぶに》で自決した六月二三日、一五〜六〇歳の男子、一七〜四〇歳の女子が戦闘員となる「国民義勇戦闘隊教令」が発令された。その第四条に「戦闘隊は敵の上陸又は空挺《くうてい》部隊の降下に際し一般軍隊に協力し或《あるい》は独力を以て郷土、職域を護り又遊撃戦を行ひて一般軍隊の作戦を容易ならしむ」とある。この条文の内容は国民全体で軍隊のサポートを行いつつ、住民自らも遊撃戦に参加するということを明文化しているものである。沖縄の護郷隊はその先例といえる。大本営は沖縄戦のあと、さらに本土決戦でさらに多くの国民を動員し、遊撃戦を実行しようとしていた。

（瀬戸隆博）

〔参考文献〕NHKスペシャル取材班『僕は少年ゲリラ兵だった』（新潮社、二〇一六年）、『沖縄県史 各論編六 沖縄戦』（二〇一七年）、川満彰『陸軍中野学校と沖縄戦』（吉川弘文館、二〇一八年）、三上智恵『証言 沖縄スパイ戦史』（集英社、二〇二〇年）、『恩納村史 第三巻 戦争編』（二〇二二年）

問18 戦場をさまよった子どもたちについて教えてください

地上戦となった沖縄では、子どもが休まる場所はどこにもなかった。大本営《だいほんえい》に捨て石覚悟の持久戦を下命された第三二軍は、戦えると判断した少年少女たちを各部隊へ配属させ、戦えない子どもたちは本土への学童疎開や、親とともに沖縄島北部への疎開を強いた。しかし、北部へ行けなかった住民も大勢おり、そのなかに多くの子どもたちがいた。

「集団自決」を強制された子ども

米軍が最初に上陸した慶良間《けらま》諸島では、家族・親戚同士で殺しあうという「集団自決」（「強制集団死」ともいう）が起こった。そして沖縄本島の米軍上陸地である読谷村《よみたんそん》・北谷町《ちゃたんちょう》、米軍が進攻した沖縄市・うるま市、南部でも起こっている。

村内に駐留していた日本軍は、子どもを含め住民を陣地構築や飛行場建設に徴用する一方で、地上戦で住民が米軍に捕まると軍事機密である兵士数・陣地の場所などをもらす恐れがあると警戒していた。第三二軍牛島満《うしじまみつる》中将は「防諜《ぼうちょう》（スパイ）に注意すべし」と着任時から訓示している。しばらく経って各地に配置された日本軍は、住民に対し米軍に捕まると女は辱《はずかし》めを受け虐殺され、男性は戦車などでひき殺されるなどといいふらし、「軍官民共生共死」を要求した。慶良間諸島の渡嘉敷島《とかしきじま》では役場の吏員から「いざとなったらこれで」と住民に手榴弾《しゅりゅうだん》が配られた。読谷村では中国戦線帰りの在郷軍人や駐留日本軍から中国で犯した残虐行為を武勇伝として周囲に伝えられており、それを聞いた女性らは「捕まるよりは死んだ方がまし」と思い込むようになったという。

「集団自決」は発生数および犠牲者数は未だに不明だが、渡嘉敷島の場合、全戦没者数三八〇名（年齢不明二七名含む）中三二九名が「集団自決」で犠牲となっており、戦没者の約八七％を占める。また、渡嘉敷島全戦没者数の約五〇％にあたる一四五名が一八歳以下と判明しているので、一八歳以下戦没者の大多数が「集団自決」で犠牲になったと考えられる。

読谷村では「集団自決」による犠牲者数は一三〇名（二〇〇一年時点）となっている。現在、平和学習として活用され

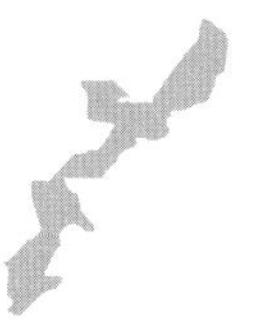

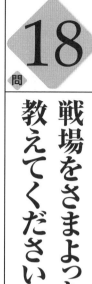

南風原町の0〜9歳・10〜19歳の戦没者数

場所	0〜9歳	10〜19歳	合計
南風原町	130	88	218
知念・玉城	50	15	65
摩文仁	506	354	860
那覇	11	11	22
中部	17	2	19
北部	17	9	26
県内	5	4	9
合計	736	483	1219

ている読谷村波平《なみひら》にあるチビチリガマ入口には、「集団自決」で犠牲となった約一三〇名中八三名の名前と年齢が刻まれている。それを数えると八三名中一八歳以下は四九名、そのなかの一〇歳以下は二九名となっており、彼らは親が手をかけていた。

鉄の暴風禍にいた子ども—南部の戦争

沖縄戦で一八歳以下の子どもたちが何名犠牲となったのかは未だに不明なままであるが、県内では県史および各市町村史・字誌が活発に編まれており、そのなかに多くの沖縄戦証言が残る。「弟の傷口からうじがわき、私はおしっこで消毒しました」（仲村傳さん＝当時一三歳、『玉城村《たまぐすくそん》史』六、二〇〇四年）、「戦争になるまでは一三名家族だったが、一一名亡くなった。最後は母と僕が生き残った」（名幸芳生さん＝当時九歳、『南風の杜 南風原《はえばる》文化センター紀要』一九、二〇一六年）など、沖縄戦で鉄の暴風禍をさまよった子ども期の証言は目を背けたくなる。

沖縄島南部では北部へ逃げ遅れた住民も多かった。当時の南部一町一三村中一町一二村（現糸満《いとまん》市・南城《なんじょう》市・八重瀬《やえせ》町《ちょう》・南風原町）の戦没者数を調査すると、子どもの戦没者数（学童疎開も一部含む）は七七九一名（南風原町は一九歳も含む）となっている。そのなかで南風原町の子どもたちがどこで戦没したのかを表したのが上の表である。

南部で戦没した南風原町の子どもの数

沖縄戦を指揮した第三二軍は五月下旬、首里城《しゅりじょう》地下の司令部壕を放棄し摩文仁《まぶに》へと向かったことで戦場は南部へと拡がった。表の場所で南風原町、知念《ちねん》・玉城《たまぐすく》、摩文仁は南部地域であり、南風原町では戦没者数四〇一六名中一二一九名の子どもたちが戦没している（戦没者数は『沖縄県史 各論編六 沖縄戦』）。

『糸満市史 資料編七 戦時資料 下巻』（一九九八年）には、字《あざ》ごとに戦没者数が記されており、戦没者数は当時の人口二万四八一一名中九四〇三名となっている。そのうち一四歳以下の子どもたちの戦没者数は二四七三名で、戦没者総数の約二六％を占める。

東風平町《こちんだちょう》の知念清昌さん（当時一四歳）の家族は、一六名中八名が犠牲となった。最初に祖父が艦砲の破片でやられ、「片足が皮でくっついているも同然」で「止血の術がなく、間もなく帰らぬ人となった」。そして、避難中に防衛隊にとられた「父の戦死の報せが来た」。祖母が、家系が絶えることを心配し、二、三人ずつ分かれながら移動していたが、「赤ちゃんを抱いている母は砲弾の破片でお腹を切り裂かれ赤ちゃん共々大けがをした」。生活をともにしていた叔母親子も「これがもとで息絶えてしまった」と振り返る。知念さんらは新垣《あらかき》集落にたどり着き、誰もいない壕で数日間か過ごした時、米兵に見つかり捕虜《ほりょ》となった。積徳《せきとく》高等女学校二年生だった叔母も「一四歳の若さで亡くなっていた」。もう一人の「叔母のハル子だけが待てど暮らせど帰って来なかった」と回想する（『東風平町史―戦争体験記―』一九九九年）。

座間味島で保護された子ども（1945年4月，沖縄県公文書館所蔵）

山中をさまよった子ども―北部の戦争

北部の山中では、北部住民と中南部から逃げてきた避難民、そして敗残兵となった日本兵とそれを追う米軍が混在状態に陥っていた。本部《もとぶ》半島の八重岳《やえだけ》・真部山《まぶやま》には宇土《うど》武彦《たけひこ》大佐率いる部隊がおり、その近くにいた森松長考さん（当時一二歳）は、「激しく米軍からの艦砲や空からの機銃掃射が降り注いだ。夜になるとピッタリと止み、すると周りから兵隊たちの『痛いよー、助けてくれー』『お母さーん』という叫び声や呻《うめ》き声が闇夜に響いた」と回想する。

米軍が山中へ入ってくると避難民はさらに山奥へと向かい、子どもたちは飢えや病気に苦しんだ。当時県立第三中学生だった屋比久浩さん（当時一五歳）は、その時の山中の様子を筆者に話してくれた。

膝《ひざ》こぞうやお腹だけが大きな子どもたちがたくさんいて（中略）五月はずっと雨だったので、その頃にはもう死ぬんだろうなと思われる人がたくさんいた（中略）小さな子どもも親も、（中略）ハエを払う元気もない、（中略）用を足すにも、隠れることなく、その近辺でやり、そこにハエがたかるし。

また、山中で敗残兵と遭遇すると食糧を奪われたケースは枚挙にいとまがない。大宜味村渡野喜屋《おおぎみそんとのきや》では、米軍のトラックで移動中だった中部の避難民が敗残兵に虐殺されるという事件が起こった。米軍資料『沖縄戦後初期占領資料』によると「彼らは民間人に対して凄惨《せいさん》な虐殺を働いた。五月一二日、渡野喜屋で日本兵の小隊が民間人の指導者たちを整列させてひとりを撃ち、他の四人を山中に連行し、他の村民にも砲火をあびせて三〇人を負傷させた。その翌日、彼らは仲宗根《なかそね》（今帰仁村）で沖縄人班長の首を斬り落とした」と記されている。当事者の仲本政子さん（当時四歳）は、「（日本軍に）俺たちは山の中で何も食う物もないのに、お前たちはこんないい物を食っているのか」とすべての食糧を奪われ、「残った女子どもを浜に連れて行き、一か所に集合させ『一、二、三』と言って後ろから手榴弾を投げ、皆殺しにしようとした」と兄（当時八歳）から聞いており、仲本さんは「母のそばにいた人は内臓が飛び出したまま、母に寄り添いながら死んでいった」「一五名ぐらいは生き残ったのかな」と振り返る。

伊江島《いえじま》の子ども

伊江島の地上戦は四月一六～二一日までの約一週間の攻防戦だった。米軍の狙いは伊江島に建設中だった飛行場を奪い取り、本土決戦に向けた基地を建設することである。

米軍は、日本軍本部陣地があった城山《ぐすくやま》（伊江島タッチューともいう）とその周辺を猛攻撃した。隊長の井川正《いかわただし》少佐は残った兵員百十数名に総攻撃を命令し、その時に防衛隊・女子救護班・女子協力隊・一般住民も斬り込み隊として参加している。女子救護班だった山城竹さん（当時一八歳）・古堅保子さん（当時一七歳）は「四月二〇日の総攻撃の時、傷病兵には石油をまいて火をつけたので皆死んだ。救護班員にも手榴弾二個与えられた」「女子救護班に編成されたのは一六〇名であったが、生存者は九名で他は戦死している」と述べている。

伊江島では「集団自決」も各地で起こっている。約一五〇名の住民が避難していたアハシャガマ（自然壕）では、米軍に追われてきた防衛隊が合流、米軍の砲撃で見張り役が戦死したことで、残った住民らは防衛隊が持ちこんだ地雷三個を爆破させ自決した。新城茂一さん（当時一四歳）は「生き残ったのは二〇人ぐらい」と振り返る。また、アハシャガマから一〇〇mも離れていない一ツ岸《ティーチギシ》ガマには親戚二六名と一緒に大城安信さん（当時九歳）が避難していた。四月二三日、米兵から投降を促されると、一緒にいた防衛隊員が「皆で一緒に死のう」と呼びかけ、爆雷（手榴弾か）二発を爆発させ二二名が犠牲となったという。大城さんは母の膝に座り抱かれていたことで命を取りとめた（二〇〇八年筆者聴き取り）。

子どもたちはどの地域、どの場所にいても命を脅かされていた。

（川満　彰）

〔参考資料〕『沖縄県史 各論編六 沖縄戦』（二〇一七年）、川満彰『沖縄戦の子どもたち』（吉川弘文館、二〇二一年）

問 19

米軍の民間人収容地区での子どもの暮らしはどのようなものでしたか

敗戦直後の一九四五年八月末日には、沖縄本島北部を中心に一二ヵ所の民間人収容地区が設置され、約三三万人が収容されている。そのなかに一四ヵ所の孤児院が設置されたが、収容地区にいた子ども、孤児院にいた子どもの総数はいずれも不明である。

民間人収容地区のようす

収容地区内では一つの屋敷に三、四世帯、大きな屋敷には一〇〇人以上の避難民が共同で暮らしていた。片隅でも家内で寝起きできる家族はよい方で、屋敷内にあった馬・ヤギ・豚小屋や高倉を利用した家族も多かった。初期のころは道端で寝起きする収容地区もあったという。収容された子どもたちは親と離ればなれの場合が多く、親や親戚を求め収容地区を抜け出さないように、米軍は学校を設置、子どもたちを元高等女学生の一五、六歳の少女たちに預けた。子どもたちは支給されるおにぎりを目当てに通ったという。だが食糧は、米軍から配給された分では到底足りず、働ける子どもたちは家族の食糧を求め、中部の米軍キャンプまで戦果を上げる（泥棒）ため、往復約六〇㎞の道のりを歩いたという。

さらに避難民を悩ましていたのは栄養不良からくる病気や、高熱と震えるほどの寒さが交互に襲うマラリアだった。体力のない子どもたちは次々と亡くなり、共同墓地に埋葬された。一方で元気になった子どもたちは食糧探しを始め、幼い子どもは遊びになるような道具をみつけては遊んだ。おとなたちはその笑顔をみて和んだという。

しかし、戦争孤児たちは違っていた。

孤児院の子どもたち

北部の田井等《たいら》孤児院にいた座波律子さん（当時一三歳）は「孤児院には六〇名から七〇名の子どもたちがいて、赤ちゃんや小さい子、痩せている子、重態で連れてこられた子、自分の名前もわからない子どもたちがたくさんいました。両足に弾が貫通して歩けなくなって一日中座っている。この子どもたちは、翌日にはだいたい死んでいました」と振り返る。

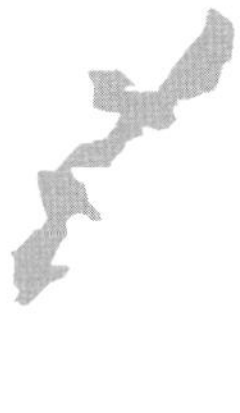

ひめゆり学徒の津波古ヒサさんと子どもたち（コザ孤児院，沖縄県公文書館所蔵）

同じ孤児院にいた仲井間憲児さん（当時一一歳）は「一日に五、六人死ぬから」と述べ、亡くなった三、四歳の女の子を「一キロぐらい離れた杜《もり》の中に埋めに行ったのです」「墓場に行くと、青年団がすでにいくつも穴を掘っており『どこでもいいから入れろ』と言っていた」「名前もわからないから『田井等で死亡』と書いて埋めた」と振り返る。

また、ひめゆり学徒隊として米軍に捕らえられ、中部のコザ孤児院で子どもたちの世話をしていた津波古ヒサさん（当時一七歳）は、子どもたちを「寝かせつけて第一日目の仕事がおわりましたが、翌朝、子どもたちをみてびっくり。きれいに拭いて寝かせたのに、髪の毛から顔、手足と体中が便にまみれているのです」「孤児院の仕事は毎日午前中、便の大掃除でそれが終わると、子どもたちにご飯を食べさせたり、お守りをしたりして一日が終わりました。そしてまた恐怖の朝を迎えるのでした」と回想する。栄養失調状態で連れて来られた子どもたちは、食事を受けつけず亡くなったのである。当時の『うるま新報』には「一九四五年七月十四日『孤児院施設には現在、計六一八名まで膨らんだ』」と、コザ孤児院のことが記されている。この人数が実態を表しているのであれば、おそらくこの時期で最も大きな孤児院であろう。

孤児院に入らなかった子どもたち

また、収容地内をさまよっていた戦争孤児たちもいた。収容地で母を亡くし戦争孤児となった与那嶺フヂ子さん（当時一二歳）は、孤児院に入った方がよいと誘われるが、「あっちに入ったらみんな死んでしまって、生きてはでられないというから行かない」と断った。戦場で祖母や父母らを亡くし北部の大浦《おおうら》収容地区に収容させられた外間亀吉さん（当時一二歳）は、「孤児院があるとは知らなかった。配給だけではとても足らず、毎日、浜辺を歩いては貝やカニなど食糧を探していた」と語る。外間さんは一年半余り、孤児として兄と姉の三人で暮らしている。民間人収容地区でも、子どもたちは生死をさまよいながら暮らしていたのである。（川満　彰）

〔参考文献〕浅井春夫・川満彰編『戦争孤児たちの戦後史1　総論編』（吉川弘文館、二〇二〇年）

20 問

地域で子どもたちは、どのような役割を与えられていましたか

戦時中、地域では子どもは必要な労働力であった。おとなの男性は戦地へ動員されたので、国内労働力は激減していた。それを埋めるために、子どもの力も積極的に使われた。

地域での彼らの役割は二つの系統で組織されたといってよい。一つは少年団である。もっともこれは教師が指示したので、学校教育とも関連していた。もう一つは父親を家長とする家族のなかでの役割である。戦争遂行のために子どもができるさまざまな任務を与えられていた。

戦時体制に動員される子ども

戦時下では、国民学校高等科以上の子どもたちには学校を通じて勤労動員が強いられた。軍需《ぐんじゅ》物資や生活必需品の生産や採集、食糧生産に動員された。国民学校初等科以下の子どもたちも戦時体制を強化するために、子どもでもできるさまざまな役割を割り当てられた。家族のなかで与えられた役割には、たとえば回覧板を隣に回す仕事などがある。回覧板は配給や防火訓練の予定が書かれていたから重要な連絡機能を持っていた。他にも家の田畑や近所の手伝いなどもあった。

地域の少年団で与えられた役割もあった。もともと少年団は任意の組織であった。それが、天皇制軍国主義が地域の子どもたちも組織化するため、一九三五年になると大日本少年団連盟という国粋主義的少年団運動がつくられた。そして一九四一年にはこれが大日本青少年団に統合された。この過程で、少年団の指揮は地域のボランティアの手ではなく、小学校、のちの国民学校の教員の手によって編成され、活動するように進められた。少年団の下に部落常会《じょうかい》も構成された。いずれも教員が指示したので、学校における教科外活動に近いものとなった。

どのような仕事があったのか。毎日曜朝は神社境内と周辺を清掃する、道路を清掃するなど、地域の清掃を命じられていた。他にも出征兵士や戦没者の留守ないし遺家族の家の労務を補う仕事、軍人援護活動、増産のための労務動員などがあった。

松ヤニを採取した痕跡（島根県出雲市出雲大社神門通り）

「皇土防衛」

一九四五年四月、秋田県の校長常会で「昭和二十年度秋田県青少年団指導方針並びに事業計画大要」という文書が配布された。少年団の指導方針として「指導標語を『体当たり総攻撃の年』と定め、生産増強、皇土防衛、戦時生活確立の三項を重点的に実施せんとす」と書かれている。「皇土防衛」の内容はさまざまである。たとえば、空襲があった時、火を消すのは国民の義務であったから、子どもたちも防火訓練には積極的に参加させられた。一九四三年一二月二一日、都市疎開実施要綱で建物疎開が閣議決定されている。重要施設への延焼を防ぐ目的で防火地帯（防空緑地）を設ける、そのために計画した防火帯にかかる建築物を撤去するのが建物疎開である。該当すれば子どもたちは住む家を奪われ、撤去や引越なども子どもができることは担わされた。

松から油をとる

子どもにもできる仕事はたくさんあった。たとえば松ヤニや松根油の採取がある。

当時、燃料不足の救世主として期待されたのは松ヤニや松の幹や根から精製される油である。一九四四年一一月にこの松ヤニ採集が全国各地に割り当てられ、最盛期の四五年六～七月には一日当たり九〇万人以上の学童や女性が動員されたという。終戦直前の四五年八月五日の『朝日新聞』大阪版には松ヤニを特集した記事が掲載され、「さア掘れ山の油田　優にスマトラの一年分」という見出しがあった。当時の鹿児島県での様子を、野崎耕二さん（一九三七年生まれ）は次のように書いている。

「松脂は飛行機の燃料になる」と、教わった。松の木の瘤《こぶ》状になっている個所には松脂が凝結している。その部分を鉈《なた》で削り取り、空き缶に入れて燃やすと勢いよく燃えた。松明《たいまつ》である。そのことから私は、松脂で飛行機は飛ぶものと信じ込んでいた。

松ヤニ採りは、専ら国民学校の生徒たちが行った。（中略）生徒たちは、それぞれ家の近くにある松林に入り、われ先にと『自分の松』を決めた。（野崎耕二『今こそ伝えたい 子どもたちの戦中・戦後』四三～四四頁）

野崎さんは毎日、何回も自分の松を見回り、たまり具合を確かめたという。しかし、この松ヤニや松の油が実戦に使われることはなかった。

勤労動員中の被害

勤労動員された子どもたちは、仕事をしているさなか、空襲に遭うこともあった。

名古屋《なごや》市内の東邦《とうほう》高等学校には「平和の碑」がある（一九九五年建立）。一九四四年一二月一三日、三菱《みつびし》重工《じゅうこう》名古屋発動機製作所で勤労動員中に犠牲になった東邦商業学校二〇人（教員二人、生徒一八人）と、別の空襲で亡くなった二年生二人の計二二人に名が刻まれている。碑は、爆撃跡がくっきりと残る煙突の一部を三菱重工業から譲り受けてつくられた。

平和の碑（愛知県名古屋市東邦高等学校内）

東邦高校の生徒会は、二〇一四年、名古屋空襲から七〇年の節目として、「名古屋空襲慰霊の日」制定を求める要望書を名古屋市の河村たかし市長へ提出。それを引き継ぐ形で二〇一八年一一月三〇日に「名古屋空襲慰霊の日制定を求める請願書」を名古屋市議会へ提出している。

（久保田　貢）

〔参考資料〕野崎耕二『今こそ伝えたい　子どもたちの戦中・戦後』（日賀出版社、二〇一五年）、「「名古屋空襲慰霊の日」制定を求める請願活動報告」（『ピースあいちメールマガジン』一一二、二〇一九年三月）、「松の傷痕が語る戦争　出雲で写真展」（『朝日新聞』二〇二一年八月三日）

21 問

軍国少年はどのような家族のなかで育まれましたか

一九三一年の満洲《まんしゅう》事変以降、戦争遂行のための総力戦体制が敷かれ、四一年三月には小学校令に代わり国民学校令が公布されて「皇国ノ道ニ則リ（中略）国民ノ基礎的錬成《れんせい》ヲ為ス」とされた。それが学校・家庭・地域ぐるみで実践に移され、軍国少年が生み出されることとなる。

家父長制《かふちょうせい》家族制度のなかで

父親を中心とした家父長制家族は、明治に制定された旧民法により規定された。その家庭は天皇制国家体制の基底を担った。広島文理大学教授・西晋一郎は「人倫について本末を見れば、君は本、臣は末、親は本、子は末、夫は本、婦は末である」と述べている。

このような家で組織される部落会や町内会は、一九三八年の国家総動員法の制定により「国民ノ道徳的錬成ト精神的団結ヲ図ル」ことを求められ、四〇年には部落会や町内会の下部組織として隣保班《りんぽはん》（隣組《となりぐみ》）の組織化がはかられた。こうして個人・家族・家庭は、隣保班や愛国婦人会などの一員として総力戦体制に組み込まれていった。

和歌山県在住の元中国残留孤児の女性Fさんは、一九四二年六月、両親と三人の弟妹とともに満洲開拓団の一員として一二歳で渡満する。父は「お国のために」が口癖だったが、職場で右手の人差し指と中指を落とし、兵役に就くことができなかったことへの自責の念から渡満を決意した。しかし、敗戦の満洲で母と二人の妹が死に、その責を負って父は自死した。そのうえ疫病《えきびょう》で体力を消耗していたFさんは中国人の養女として中国残留孤児となった。生還できたのは一二歳の弟一人であった。中国に残ったFさんは、その後、家庭を持つが、一九七二年の日中国交回復から四年後の一九七六年、一時帰国で日本の土を踏んだ。それは一九四二年の渡満から三四年後のことであった。さらに、一九八六年、家族を伴って永住帰国を果たした。このように、父親を「本」とする家族は、天皇制国家の戦争遂行体制に取り込まれ、多くの戦争犠牲者を生み出すことになる。

国民学校の戦意高揚教育と地域社会

このような状況下で子どもたちは、軍国少年に仕立て上げられていく。その中心的な場は学校であった。和歌山県の国民学校の教員は「子供達の眼をつむらせます。『聞こえますか―戦車の轟音《ごうおん》、軍靴《ぐんか》の響、プロペラの叫び―我々大東亜《だいとうあ》建設の聖戦は一日に百万のアジア人を解放し、三万平方粁《キロメートル》の土地を蹂躙《じゅうりん》してゐる。（中略）我々は大きい国であり、大国民である。大きな心と大きな体を持たねばならない』一日初めの教室の誓です」と自らの実践を披露している。

幼稚園児の「軍事教練」（日本基督教団田辺教会蔵）

また、一年生には「兵隊さんに扮装して遊ぶこと」が奨励されたが、それは幼稚園でも同様であった。写真は、和歌山県の日本基督《キリスト》教団田辺《たなべ》教会が運営する田辺幼稚園（現廃園）の幼児たちの「軍事教練」である。撮影年月日は不明であるが、一九四一～四四年にかけてのものと思われる。遊戯としての「戦争ごっこ」なのか「教練色を強めたもの」かはわからない。ただ、その装備や雌伏《しふく》姿勢などは〝本格的〟で「教練」的だったように思われる。

また、学校では食糧増産のための学校園の耕作、校内防空訓練などが日常的に行われた。さらに放課後や休日の子どもたちは少年団に組織され、非常召集訓練・団体行進訓練・勤行奉仕などにあけくれた。

このように、父母が隣保班や愛国婦人会などに組織・統制され、戦争遂行体制に取り込まれていったのと同様に、子どもたちも家庭・学校・地域に把握され、教化と訓練をとおして包囲網的に軍国少年に育てあげられていった。

（田所顕平）

〔参考文献〕山中恒『ボクラ少国民（全五部）』（辺境社、一九七四年）、山中恒『昔ガヨカッタハズガナイ』（辺境社、二〇〇一年）

22 問

軍国少女はどのように育成されましたか

戦争の長期化によって軍需《ぐんじゅ》産業の労働者不足は深刻だった。一九三九年には「国民徴用令」が出され、四〇年には、「勤労は皇国民の奉仕活動」であるという「勤労新体制確立要綱」が出された。戦地に行く兵隊以外は、老若男女を問わず何らかの形で国に奉仕することが義務付けられた。まさに総力戦であった。それは学校に通う女子生徒も同様だった。

軍国少女をつくった教育

大阪府立阿倍野《あべの》高等女学校では、「質実剛健」「大日本神国也」の額が掲げられた講堂の壇上で、クラス全員が正座して校長先生の叩くチャイムのリズムに乗せて「大日本国は神国なり、あまつみおや初めて基を開き、日の神ながく世つぎを伝え給う」と『神皇正統記《じんのうしょうとうき》』の一説を唱えることが毎朝の日課だった。一九四〇年には全校生徒が女学校を夜明け前に出発し橿原《かしはら》神宮まで歩き、モッコを担いで紀元《きげん》二千六百年奉祝のための境内聖地の勤労奉仕に駆り出されている。

中田郁江さん（終戦時一九歳）は、当時を振り返って、「こうした日々の繰り返しのなかから物事を深く考えず、言われたことをただそのまま鵜呑《うの》みに受け入れていく無批判な従順な生徒がどんどんつくられていった。恥ずかしいけれど私もその一人であった。「海ゆかば」をことあるごとに口ずさみ世界に君臨する現人神《あらひとがみ》のために命を捨てなければ人間ではないのだ、と思い込まされ教育されていった」と語る。

一九四二年になると女学校では敵性語である英語は必修でなく随意科目となり、多くの学校で英語の授業がなくなった。英語以外の授業も減り、グラウンドは農園となり、銃を持って撃ち方練習をする軍事教練が日常化していった。

工場に動員される女学生たち

戦争のための子どもたちの勤労奉仕は日中戦争後すぐに始まっていた。一九三八年には文部省が「集団的勤労作業運動実施ニ関スル件」により、中学校勤労奉仕作業が行われるようになった。しかし、このころは夏休みの始めと終わりに低学年は三日、高学年は五日といった短期間で、援農や清掃を

行うなど教育的要素は残っていた。しかし、一九三九年からは、休みの時期でなくいつでも正規の授業の扱いとして食糧増産などのための勤労奉仕が行われるようになっていった。

女子に対しては、一九四一年に国民勤労報国協力令が出され、一四歳以上の男女学徒に工場や軍施設への出勤が義務付けられるようになった。一九四三年には「女子勤労動員ノ促進ニ関スル件」が出され、女学校卒業以上の家庭にいる未婚女性は自主的に勤労挺身《ていしん》隊に組織されていった。一九四四年には女子挺身勤労令が出され、一二歳以上四〇歳未満の未婚女性（家庭の経済を担っている女性を除く）を市町村長が選抜し、女子挺身隊として一年間（のちに二年間、朝鮮でも実施）勤労させ、就業命令に応じない場合には罰金が課された。また、同日に学徒勤労令も出され、中学校以上の男子生徒の軍需産業への通年動員も始まった。

阿倍野高等女学校の式典の様子（中田郁江さん提供）

少女たちの出陣

一日　晴

今日はいよいよ出発の朝である。今日からは長年住み慣れた家を後に出ていく自分を思うと何らお国のために勇ましく出陣する兵隊さんと何ら変わるところがないとつくづく思った。祖先の仏前に神様に参り元気にお国のためにご奉公できますようにと心より祈った。一七年間住み慣れた家に別れを告げて父母の教訓を後にして家を出た。

九時ころ神社へ参拝、学校において壮行式があり、その真っ最中に空襲警報が発令になり、校長先生は「いまさら何も言うことはない」と一言だけおっしゃった。その一言の中には幾多の言が含まれていると私は思った。（中略）長浜《ながはま》駅着、駅前に集合して荷物を預け一時四〇分当工場へ着いた。じきに受入式があり終わりに「海ゆかば」の歌を声高らかに唱えて無事終わった。（中略）

工場長より熱烈なるお言葉を拝し、私たちの小さな力がお国のために役立つのだと思うとなんと嬉しく早く早く機械になれて飛行機を作りたいと思いました。（中略）そして翼の増産に頑張ろうと思いました。（水谷孝信『滋賀県学徒勤労動員の記録』）

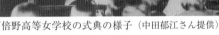

これは滋賀県にあった木之本高等女学校の四年生だった平塚八重子さん（当時一五歳）が、近江《おうみ》航空長浜七条工場へ動員され、出発した六月一日の日記である。

このころ、男子のように戦場に行けない自らを歯がゆい思いでいた女子学徒は少なくない。日記のなかで「お国のため」という言葉が何度も出てくるのも、兵隊に劣らず自分たちも国の役に立ちたいという強い意志があるからこそといえる。女学生のなかでは、工場に働きに行くにも、男子が飛行兵に憧れるのと同じように飛行機工場に憧れたようである。最初、繊維工場へ割り当てられた女学生がストライキをして、航空機作業へ変更を要求したという話もある。

過酷な日々

平塚さんたちの食事は、今にも芽が出そうなジャガイモなどで、育ち盛りの子どもたちのお腹を満たすものではなかった。厳しい食料事情はどこも同じで、狭い部屋での寮生活、高粱《こうりやん》や豆かすばかりの雑炊、夜勤でも食事は出ず、ひもじさに苦しむ毎日だった。「戦場で泥水をすすっている将兵を思え」という言葉が、非常時として当たり前のように使われ、満足に食料のない状態を正当化していった。名古屋陸軍省造《ぞう》兵廠《へいしよう》鷹来《たかき》工場に動員された女学生は工場での生活を「格子なき牢獄」と呼んだという（山室静編『一六歳の兵器工場』）。

過酷な労働の日々のなかでも心躍ることもあった。長浜工業高校の先生に数学の授業を教えてもらえたことを、平塚さんは「本当にうれしかった」と書いている。「お国のため」と自らを納得させてはいても、心のなかでは「学びたい」という思いが強かったことがわかる。「お国のため」と無理やり子どもたちをおとなが納得させようとしても、子どもたちから「学びたい」という思いを奪うことはできなかったのだ。

ごめんなさいをいわない政府

平塚八重子さんの日記は、七月二三日で終わっている。八月六日栄養失調と腸チフスで入院できた時には手遅れだった。平塚八重子さんと同じ学年で共に長浜で働いた女子生徒に詩人の小森香子さんがいる。小森さんは東京大空襲で焼け出され、知人を頼って木之本に疎開していた。小森さんは亡くなった同級生たちのことを詩に詠んでいる。

良子ちゃん

その朝　良子ちゃんは　頭が痛い　といった
旋盤《せんばん》によりかかって　青い顔をしていた
　お部屋に帰って　寝てらっしゃい
　仕事はあたしが　やっておくから
もちろん　ろくな仕事があるわけじゃない

勤労動員の女学生は　何に使うか判《わか》らぬまま
ジュラルミンの小さなネジばかり削らされて
（中略）
四畳半に六人の少女が　頭つきあわせて眠る
夜中に鳴る空襲警報　良子ちゃんは熱が高い
先生　あたし良子ちゃんと寮に残ります
いかん　全員退避せよ！早くかついでいけ
班で一番大きい清水さんと　班長の私とで
両側からかかえて　良子ちゃんに頭巾かぶせ
夜霧の中を裏山に走る　カエルの声もはたと止む
（中略）
大広間の蚊帳《かや》の中は　少女たちの呻《うめ》き声
お母ちゃん　苦しいよう　助けて……
良子ちゃんが　いきなり蚊帳を転げ出て
開け放した窓から　半身を乗り出した
その腰にすがりつき　息を殺して私は泣いた
（中略）
大八車《だいはちぐるま》で日赤《にっせき》に運ばれた日に　良子ちゃんは死んだ
女の先生と私と　野良着で駆け付けた父と母
リヤカーに薪《まき》と　布団《ふとん》と良子ちゃんを　のせ
山の焼き場までひいていった　みんなだまって
夕陽の中を　松の林に耳を圧する　蝉《せみ》しぐれ

良子ちゃんは　いまでも一五歳
広島の勤労動員学徒の碑の裏に
滋賀県　木之本高女　と刻まれているだけ
終戦後　熱病に倒れた私は　いま生きている
貧しいままに　働きつづけて　五十年

子どもを育て　親を見送り　まっとうに
平和と民主主義もとめて　生きてきたのに
国は　いまだに侵略戦争だったといわない
被爆者にも戦災者にも　戦死者にもアジアにも
良子ちゃんにも　私にも
国は　いまだに
ごめんなさい　と　いわない（小森香子『陽子』かもがわ出版、二〇〇六年）

（平井美津子）

〔参考文献〕山室静編『一六歳の兵器工場』（太平洋出版社、一九七五年）、藤原彰・粟屋憲太郎・吉田裕編『昭和二〇年 一九四五年』（小学館、一九九五年）、水谷孝信『滋賀県学徒勤労動員の記録―あの日 銃後も戦場でした―』（ウィンかもがわ、二〇〇五年）

問 23

戦争遺児は戦時中どのように扱われてきたでしょうか

兵士は戦死すると靖国《やすくに》神社に祀《まつ》られた。明治政府の手で靖国神社がつくられたのは一八六九年。靖国神社に祀られる人を「英霊《えいれい》」と称するのは、日本軍の戦死者が激増した日露《にちろ》戦争（一九〇四〜〇五年）後からである。太平洋戦争では靖国神社の神格化が極限にまで進み、「靖国で逢おう」を合言葉に敵艦に体当たりする「特攻」戦術へとつながっていく。

戦争で父を亡くし、病気などで母を失った「戦争遺児」は、「靖国の遺児」「誉《ほま》れの子」「国児《こくじ》」などと呼ばれ、「お国のためにつくした兵士の子」とほめたたえられた。親のない寂しさや食糧難のなか辛い思いをしたが、当時は苦しさに耐えることが美徳とされたのである。

三津浜《みつはま》学園の開設

「戦争遺児」のうち、心身が虚弱で親戚では養えない子どもたちを収容する施設が各地につくられていく。当時は国や道府県でこうした子どもたちを育てるという制度がなく、あくまでも民間の慈善事業として実施する形をとった。各地にできた施設を経営したのは、恩賜《おんし》財団軍事援護会だった。恩賜とは、天皇から贈られたという意味であり、資金の援助を受けていた。

そうした施設の一つが、三津浜学園（滋賀県）である。パトリック・バーン神父が住んでいた琵琶湖畔の建物を改造して三津浜学園が開設されたのは、太平洋戦争中の一九四三年四月だった。戦時中の軍事援護事業として始まった学園には、二四、五人の園児がいた（軍事援護制度とは「国民が兵役に服せる為めに生ぜる本人又は遺家族の生活困難を救護」とされ、軍人恩給や遺族への支援などがある。三津浜学園にはこうした軍事援護制度による資金が拠出されたと考えられる）。のちに糸賀《いとが》一雄《かずお》・田村一二《たむらいちじ》とともに、戦争孤児・障がい児施設である近江《おうみ》学園を戦後に創設することになる池田太郎《いけだたろう》は、家族とともに三津浜学園に住み込み主任として働いていた。三津浜学園には、滋賀県下の戦死者の遺族や出征軍人・軍属《ぐんぞく》の家族の子弟で、国民学校四・五年生のうち、心身の健康に問題のある子

どもたちが収容された。そのなかには軽度の知的障がい児もいた。主な職員は園長で医師の藤堂参伍と、国民学校訓導《くんどう》（教諭）にあたる教護員の池田太郎、保母の池田まさ、保健婦（炊事兼務）の馬場以恵である。また、開設二年目の一九四四年度は、高等女学校の学生が学徒動員により、池田の助手として携わっている。

戦争の長期化と遺児たちの利用

一九三七年の日中全面戦争後、戦死者は目に見えて増加した。太平洋戦争が始まると戦没兵士の数はうなぎ上りとなり、遺族・遺児も激増する。戦死者は地域の新聞などに戦果とともに実名報道された。称えられる戦死ではあったが、戦争による人の死はやはり戦意をなえさせる。そこで始まったのが、「靖国の遺児」たちを戦意高揚に利用することだった。

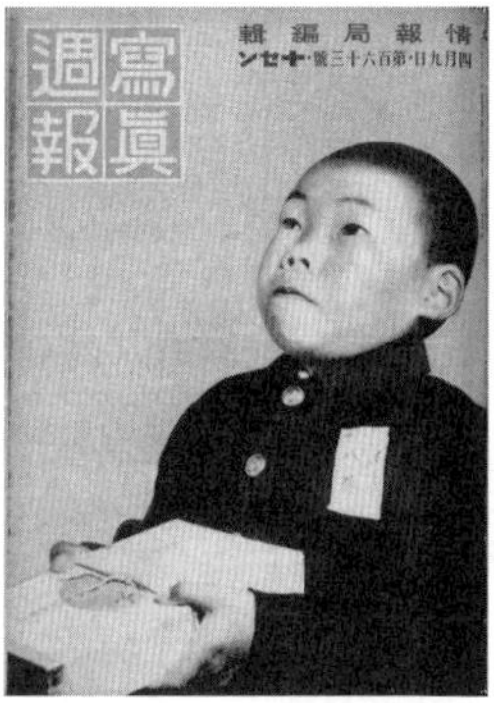

情報局編輯『写真週報』第163号（1941年4月9日号）

左の『写真週報』表紙の写真の少年の涙は、目薬であり演出されたものだったという（斎藤利彦『「誉れの子」と戦争』）。父を戦死という形で失った困窮家庭には国から補助金があったが、その額では生活できないこともあった。戦争末期になり日本全国の食糧や物資が不足するなかで、「靖国の遺児」たちは「誉れの子」として「父の名誉を汚すな」といわれ続け、歯を食いしばることを求められたのである。

つくられた遺児たちの作文

故郷に戻った「誉れの子」たちは、靖国参拝についての作文を書かされた。その内容は画一的で、おとなからの「指導」が入った、つくられた作文だった。以下に一例をあげる。

「お父さん、僕は大きくなってお父さんの言われた訓《おしえ》をよく守り、強く正しい日本人になって、東洋平和の礎《いしずえ》となられた父上の遺志を継ぎ、やがて大東亜《だいとうあ》戦争に参加し、特別攻撃隊のような立派な手柄をたてます」「お父さんお父さん、よく戦死をして下さいました」「一死奉公！そうだ。自分も父に負けるものか」「お父さんが今度の戦で戦死をすると、おそれ多くも、天子様はお父さんを神にまつって下さった上、僕達がお父さんと対面できる様はかって下さった」

（本庄　豊）

〔参考文献〕蜂谷都俊隆「近江学園前史としての三津浜学園と『塾教育』の思想」（『社会福祉学』五二—二、二〇一一年）、斎藤利彦『「誉れの子」と戦争—愛国プロパガンダと子どもたち—』（中央公論新社、二〇一九年）

問

24 戦時中にはどのような孤児院がありましたか

戦前の日本では親を亡くした孤児は、親戚が面倒をみるのが当然とされていた。しかし、不況などが重なると、孤児だけではなく、親が育てることを放棄した子どもが増加した。また日露《にちろ》戦争以降は戦死する兵士が増え、戦争孤児が目に見えて増えていった。こうした孤児たちを救済する目的でつくられたのが孤児院である。キリスト教をはじめとする宗教系の孤児院が多かった。国からの援助はなく、寄付などに頼る運営であったため、孤児院での子どもたちの生活は楽ではなかった。西日本の孤児院を紹介しよう。

大阪水上隣保館《すいじょうりんぽかん》

一九三一年、大阪の天保山《てんぽうざん》で、はしけ（接岸用の小舟）などの運送にかかわる水上生活者の子どもが学校に行けないことに心を痛めた中村遥《なかむらはるか》牧師とその妻八重子《やえこ》さんが始めた施設。現在は島本町《しまもとちょう》の丘陵地にあるが、「水上」の名前はそのまま残った。敗戦直前の一九四五年六月一日に大阪空襲で焼失し、当時住んでいた児童八三人（孤児も含まれていた）と職員一四人は、別の場所に疎開していたため難を逃れた。島本町への移転は、児童・職員・支援者たちの手で行われている。敗戦後は、戦争孤児のための孤児院となった。

名古屋空襲で孤児となり、大阪の親戚に引き取られたが脱走し、大阪駅で暮らしたことのある荒川重治さんは、大阪水上隣保館での体験をこうつづっている。

ぼくが着ていた服は、ノミやシラミの巣だったし、さきほどＤＤＴを噴霧されて粉だけれになっていたので、普通なら焼き捨てることが最善の処理方法だったのだろうが、間もなく寒い冬が来ようとしているし、何と言っても、衣類は貴重品だったので、洗濯たらいに入れて煮沸し、寄生虫の卵ごと死滅させて、再利用されることになった。この服はぼくが仕事をして稼いだ金で闇市《やみいち》から買い求めたもので、愛着があった。（荒川重治『強情な子』）

東光学園《とうこう》

大阪水上隣保館の創立と同じ年（一九三一年）に、イギリス人のジョージ・デンプセイ宣教師が公娼《こうしょう》制度（政府の認める売春経営）の犠牲となった女性と、その子どもを救済する目的で大阪府堺《さかい》市につくった。この時期は「娘の身売り」が行われるなど、農村恐慌《きょうこう》・都市不況（昭和恐慌）・世界恐慌が重なり日本経済はどん底にあった。太平洋戦争中外国人牧師は国外に追放され、日本人牧師の手で運営された。敗戦後は戦争孤児を多数受け入れた。

敗戦後の大阪水上隣保館の孤児たちと中村遥・八重子

岡山孤児院

岡山市にある日本で最も古い孤児院の一つで、明治時代に発足、最初は「孤児教育会」と名乗った。キリスト教関係者からの寄付・協力で運営された。中心となったのは石井十次《いしいじゅうじ》だった。農村での子どもたちの心身の育成を願った石井は、子どもたち数十人を宮崎県茶臼原《ちゃうすばる》に送り、開拓事業を担わせることとした。米や麦、いもなども栽培するとともに、養蚕《ようさん》にも取り組んだ。開拓事業は成功し、一九一二年には「岡山孤児院分院茶臼原孤児院」となった。一九二六年にいったん閉園するが、敗戦後は戦争孤児のための施設として再び活動を開始した。

平安徳義会《へいあんとくぎかい》・積慶園《せっけいえん》

仏教寺院の多い京都では日清《にっしん》・日露戦争前後に孤児施設が寺院内に開設されている。平安徳義会は一八九三年に孤児院を光浄寺《こうじょうじ》内に開設した。太平洋戦争末に都市空襲が激しくなると孤児が増え、親戚に引き取られなかった孤児を寺院で養育することになった。

敗戦二年前の一九四三年、本門仏立宗《ほんもんぶつりゅうしゅう》の僧侶たちは華洛《からく》青少年相談所を開き、窃盗《せっとう》や暴力、家出などを繰り返す少年少女を収容し保護・指導した。これが積慶園である。

（本庄　豊）

〔参考文献〕荒川重治『強情な子—戦争孤児の自分史—』（大阪水上隣保館創立九〇周年記念出版、二〇一二年）

問25

障害児の政策的位置づけと生活の実態について教えてください

明治維新後の諸制度が障害者を「ごくつぶし」とさげすむ風潮を強めさせた。義務教育から除かれ、社会からの救済事業も乏しかった。徴兵検査に合格できない者は「役立たず」とみなされた。その一方、国民総動員体制と戦力拡充の必要から、盲・ろう学校などの生徒たちもさまざまな内容で戦争に協力することが求められた。

「障害」をめぐる表記や用語として「障がい」「障碍《しょうがい》」「チャレンジド」などを見受けるが、二〇〇六年に国際連合で採択された障害者権利条約で示され、一一年の改正障害者基本法でもとられた障害観「社会における様々な障壁と相対することによって生ずるもの」「障壁を取り除くのは社会の責務」とのいわゆる社会モデルの考え方を踏まえて、筆者の論稿では「障害」を用いる。

大日本帝国憲法下での位置づけ

現在の日本国憲法では、主権在民、人権は生まれながらのものとし、普通教育を受けさせる義務・勤労の義務・納税の義務が定められている。これに対し、戦前の大日本帝国憲法は、国民の権利を法律の範囲内に限定し、納税と兵役を臣民に義務付けた。一九四〇年には国民優生《ゆうせい》法が制定され、「重い病気や障害」などを「遺伝性」とみなして不妊手術や中絶を合法化するものであった。これらによって、ハンセン病患者には露骨な隔離政策がとられた。

一九四五年の敗戦まで、日本の障害者は、「臣民」の権利(男性盲人に認められた点字投票など)や、恩恵・慈恵としての救済事業にあずかることしかできなかった。障害者は、収入が乏しいために「納税しにくく」「兵役に適さない」、つまり、国家財政に寄与できず、軍国の役に立たない存在と位置づけられた。徴兵検査や地域生活のなかで「ごくつぶし」「役立たず」などの言葉を浴びせかけられたという障害者の証言は数多い。

義務教育からの除外と「国家への貢献」

教育に関しては、一八八六年の小学校令で健常児の「義務

教育」が始まり、九〇年の第二次小学校令、一九〇七年の第五次小学校令への展開を通じて、六年間の義務教育が定着した。この年、一般の就学率は九七%に達したが、障害児には就学猶予・免除の名による教育からの排除が行われ、二二年の盲・ろう児の就学は一二%であった。翌年制定された盲学校及聾唖《ろうあ》学校令に「義務」規定は入ったが、その実施は道府県に任された。三六年になっても、就学率は学齢盲児三九%・ろう児四六%にとどまる（『盲聾教育八十年史』）。肢体不自由児のためには東京の光明《こうめい》学校、知的障害児のためには大阪の思斉《しせい》学校しかなく、弱視や病弱の児童などのための特別な学級もきわめて少なかった。つまり、障害のある子どもたちは、総じて教育を受ける権利から疎外されていた。

一九三八年に開かれた全国盲唖学校長会議の席で、軍人の荒木貞夫《あらきさだお》が文部大臣として訓示を行った。すでに日中戦争が始まっていた。盲・ろう教育の目標として語られたのは、「その特性を錬磨拡充し他に勝る御奉公をつくすべき確信と矜持《きょうじ》とを与ふることでなければならぬ」「国家社会に貢献し得る人材を養成することも決して不可能ではない」という内容だった。教育制度は不完全なままに放置しつつ、軍国に役立つ「人材」を育てよと求めたのである。

一九二五年から始まっていた学校での軍事教練は戦局の激化とともに、盲学校でも木銃による突撃訓練や銃器操作の体験学習へとエスカレートしていく。三八年に国家総動員法が制定されると、盲学校卒業生による鍼灸按摩《しんきゅうあんま》・音楽報国活動や聾唖者の工場動員が強まった。四一年以降、盲学校などでも勤労報国隊の編成が本格化していく。四四年三月二〇日の『毎日新聞』には「文部省では十九日盲聾唖学徒の動員要綱を決定地方長官宛通牒《つうちょう》した。これまで世間から特別扱ひにされてきたこれら学徒も他の動員学徒と同じく戦列に馳《は》せ参じその力を打ち込むことになったわけだ」と報じられた。

盲・ろう学校も巻き込む戦時下の教育

国民学校令は一九四一年に公布された。小学校などを国民学校に変え、「皇国ノ道ニ則リテ初等普通教育ヲ施シ国民ノ基礎的錬成《れんせい》ヲ為ス」ことが目的となった。盲学校やろう学校の初等部も例外ではなく、国民学校令施行規則に準ずるように徹底され、修身《しゅうしん》に偏り、神社参拝などの行事も多かった。

一九四三年に京都府立盲学校の生徒向けに行われた講話で満洲建国大学《まんしゅうけんこくだいがく》の森信三《もりのぶぞう》教授は「飛行機上に敵と体あたりをして散ってゆく同年輩の青年、そうした人々と自分をひきくらべてみて、目の不自由からくる身の至らなさに思いを致されなければなるまい」と迫り、国家への感謝、「食べ物に対して絶対に不平をいわない」ことを説いた。

盲児たちはこうした教育に影響されていく。作文や弁論から拾ってみよう。「兵隊さんは、毎日戦争で御苦労さまです。私は新聞やラジオで兵隊さんの勇ましい戦争ぶりを知り、胸をおどらせています」「私がもし男子で、そうして盲人でなかったら元気を出して働くのですが、私は残念でなりません。兵隊さんに対して、すまないと思います」（『搭影』第六号、京都府立盲学校学友会文芸部、一九三七年）「我ら盲学生こそ真に覚醒《かくせい》し一致協力この刻苦艱難《かんなん》なる時に善処しなければならないのであります（中略）おー、全国の盲学生諸君よ、今こそお互いに文字通りしっかりと手を握り合い、この非常時に際しうんとやりましょう」（点字大阪毎日主催「第六回全国盲学生弁論大会記録」一九三三年）。

体が不自由でも、戦争に協力する道を見出そうとした実例は枚挙にいとまがない。盲学校では、職業教育の成果を通して地域や国に貢献しようとする慰問《いもん》・奉仕も繰り広げられた。一つは、鍼灸按摩マッサージの技を生かした治療や健康回復の取組で、行き先としては傷ついた兵士の入院している病院、最寄りの工場、近在の農村が多かった。傷痍《しょうい》軍人の治療に協力し労働者や農民の疲労回復に当たることで、間接的に戦力を増強し生産力を向上させる意図であった。もう一つは、箏《こと》・三味線《しゃみせん》などを携えて病院や工場などに出かけて演奏する音楽慰問であった。一九四五年正月の『点字毎日』新聞には、「第一線の神鷲《かみわし》たちの疲労回復のため航空あんまに、産業戦士のための産報あんまに、戦病勇士の慰問治療に、又音楽報国に、盲人としてなし得る、ありとあらゆる方面に挺身《ていしん》してきた」と概括されている。「第一線の神鷲たち」とは日本軍のパイロットを指す。その疲労回復に従事した按摩マッサージ師は「海軍技療手」と呼ばれ、第七期にわたって四四一名が訓練を経て、内外の基地や戦艦などに配属された。そのなかには、盲学校を卒業した弱視者も含まれ戦死者も出た。

日本軍兵士への慰問文

幼い子どもたちに「兵隊への慰問文」を書かせる教育が盲学校でも広く行われた。一九三七年一一月一二日の『大阪毎日新聞』には、その一例として兵庫県立盲学校の児童による慰問文が報じられている。

「クニノタメニハタライテクダサル、ヘイタイサン、センチノホーデハ、モーユキガフッタソーデスネ」―幼い盲目の児童が闇の世界に描いた皇軍の活躍に感謝のまごころを白い点字紙にポツポツと書き綴《つづ》った慰問文が十一日夕本社神戸《こうべ》支局に届けられた（中略）このいたいけな点字の慰問文は朔北《さくほく》（中国北方）の、上海の第一線にある兵士たちを感激せしめるだろう。（「将士に贈る 点字の慰問文」）

零戦《ぜろせん》・日本盲人号献納募金への協力

一九四〇年に奈良の橿原《かしはら》で開かれた全日本盲人大会において、零戦を軍に献納するための募金運動を行うことになった。この募金は「各学校」と「団体」を基礎単位に展開されたので、盲学校の児童生徒も拠金に加わった。京都府立盲学校長の報告には、「軍用機愛盲報国号献納運動ニ関シ御尽力ノ段洵《まこと》ニ感謝ニ堪《た》ヘズ就《つい》テハ本校職員及ヒ生徒ヨリ金弐百円献納致シ（中略）右献納金ノ中五円以上寄附者氏名別紙ノ通ニ有之」とある。五円の応募者が五名、一〇円が一名、他はクラス単位の集計によって「五円以上」になっている。鉛筆一本一五銭、白米一〇kg三円といった時代、児童生徒・保護者には相当な負担となっただろう。

葉がき「昭和十七年三月命名式挙行 於 大阪市大阪歌舞座 報国号献納飛行機命名式写真 海軍省」

　橿原において全日本盲人大会が開かれた年は、建国神話に基き紀元二六〇〇年とされ、国威発揚《こくいはつよう》キャンペーンが繰り広げられた。結局中止となったもののオリンピックの開催が予定された年でもあった。全日本盲人大会は、そうした背景のもとに催された。実は、零戦募金は予定された企画ではなく、参加者からの提案で大会決議に急きょ加えられた。もともと用意されていた決議案は、盲学齢児就学義務制の実施、鍼灸按マッサージ師法の制定、国立点字図書出版所の設立、盲人の交通安全に適切有効なる方策の実現、盲人保護法の制定など、日頃からの切実な要望を掲げるものであった。大会後、この決議は公表され、政府などに向けて働きかけが行われた。しかし、一九四五年に戦争が終結するまでの間に、政府が受け入れたのは零戦の献納のみであり、盲教育の義務化は戦後まで先延ばしされ、国立点字図書館などは二一世紀になっても実現していない。軍国主義と戦後の国家が障害者の願いにどう向き合ったかを象徴する史実といえよう。

耳を生かした防空監視・聴音訓練

戦局の悪化に伴い、空襲に備える必要が高まった。重要拠点を中心に、岬や高台、公共施設の屋上などに防空監視のための施設と人員が配置された。「敵機の来襲をいち早く察知し、警報の発令を行う」ためである。戦時中の『点字毎日』

は、「能登《のと》半島の一角に立って耳を澄まし敵機来襲に備へてゐる我らの友、盲人防空監視哨《かんししょう》員を知ってゐるであらう／磨ぎ澄まされた我らの耳、晴眼者《せいがんしゃ》に勝るとも劣らぬ聴覚、十万盲人はこの有力な武器で本土を狙う敵機を一機も皇国の空に入れてはならない／忘れられがちな盲人にも斯《こ》うした御奉公の道のあることを記憶せよ」（／は改行）と叱咤《しった》した。

この場合の「監視」は、目ではなく、耳で行うものであった。盲学校の授業のなかで、グラマンやロッキードなどの敵機爆音を収録したレコードを聴き、機種や高度を聞き分ける訓練が行われた。岐阜盲学校の校長は、「敵機の早期発見のために卒業生を聴音兵に採用してほしい」と国に要望した。実際に、盲学校を卒業してまもなく、能登半島で盲人防空監視哨員となった石川県の視覚障害者は、「私のような目の見えない者でも、何かお役に立つことがあったらありがたいと思いました」と語った。当時の新聞には「盲人でさえ」などの表記がしばしばみられる。健常者の戦意を高揚させるのに利用する表現だった。

敵機に備へよ
寸隙許さぬわれらの空
爆音は必ずこの耳へ
盲人たりとも「空の防人」
能登の監視哨に尊き姿

「盲人たりとも「空の防人」」（『東京毎日新聞』昭和18年3月15日）

障害児たちの学童疎開

一九四四年六月三〇日の閣議で「学童疎開促進要綱」が決定された。「特ニ国民学校初等科児童ノ疎開」を「強度ニ促進スルモノトス」とされたのは、健常の子どもたちを将来の戦力とみてその温存を図る底意があった。

これに対し、盲・ろう学校、光明学校・思斉学校（戦力外とみなされた子どもたち）の疎開は「後回しにされ、戦後の学校再開も遅れた」のが特徴である。大阪市立盲学校の場合、すぐ最寄りの高槻《たかつき》が疎開地となり、その疎開先でも空襲を受けた。体験者は「私たちのは危ない疎開だった」と語っている。

（岸　博実）

〔参考文献〕野原隆「視覚障害者と戦争」（『点字毎日』連載、二〇〇五年年間企画）、松本昌介ほか『障害児学童疎開資料集』（六花出版、二〇一七年）、岸博実『盲教育史の手ざわり―「人間の尊厳」を求めて―』（小さ子社、二〇二〇年）

問26 学童疎開や空襲に遭った子どもの暮らしはどのようなものでしたか

一九四四年六月サイパン島に米軍が上陸し、日本本土に米軍機による空襲の危険が迫ってきた。皇国を担う子どもの命の温存のためと、子どもが戦闘の足手まといになることから、政府は「学童疎開促進要綱」を出し、大都市の国民学校の三～六年生の子どもたちを、農村などに疎開させることを決定した。しかし、疎開先では飢えとの戦いだった。一方、疎開せずに都市に残り空襲に遭った子どももいた。

学童疎開の始まり

疎開地域は東京以外に大都市や軍港、作戦上の要衝《ようしょう》地《ち》など も対象となった（横浜・川崎《かわさき》・横須賀《よこすか》・大阪・神戸《こうべ》・尼崎《あまがさき》・名古屋・門司《もじ》・小倉《こくら》・戸畑《とばた》・若松《わかまつ》・八幡《やはた》・京都・舞鶴《まいづる》・広島・呉《くれ》・沖縄・種子島《たねがしま》・小笠原《おがさわら》）。

疎開した子どもは東京で約一九万五〇〇〇人、全国で合計約四〇万人と推定されている。疎開先は、東京の場合、関東近県だったが、その後、千葉や茨城などの地方都市も空襲が激しくなったため、青森・岩手・秋田へ再疎開させている。

集団疎開に参加した子どもは全員ではない。病気による不参加の子ども、縁故疎開といって親戚や知人を頼って疎開する子どももいた。参加しなかった子どものなかには、経済的事情によるものもあった。集団疎開に参加するためには、一人当たり生活費二五円のうち一〇円が保護者負担であり、布団などの寝具も持参しなければならなかった。東京の当時の三〇代男性教員の月給が約八五円という実情からみると、決して軽い負担ではなく、約三分の一の子どもが縁故でも集団でも疎開できず、残留組といわれた。学校では、疎開組が旅立つ日に残留組とのお別れ会が行われた。

疎開先での生活

「地方へ行けば食べ物は豊富にあるだろう等という甘い気持ちを持つことは禁物」「学童も地元の国民学校の実習用の農機具等を使って、菜っ葉一枚でも多く取れるように努力して貰わねばなりません」と、政府は当時の広報誌『週報』で説明している。

子どもたちが疎開先に到着した時は歓迎式も行われ、地元のごちそうがふるまわれたが、それも初日だけであった。地元にしても食料があり余っているわけではない。そこへ疎開者が大挙してやってきたのだから、少ない食料を奪い合う結果になるのは目にみえていた。主食は米に豆やイモを混ぜた雑炊やうどん、副食は具をみつけるのが困難な汁や漬物、かぼちゃの煮物、たんぱく質はほとんどなかった。政府は子どもを地方に追いやるだけで、子どもの食料を保障しようとはしなかった。

疎開組と残留組のお別れ会（1944年8月，毎日新聞社提供）

　子どもにとって唯一の楽しみは親との手紙のやり取りだった。その手紙には「会いたい。会える時にはお菓子を持ってきて」と書く子どもが少なくなかった。やっと親が会いに来た日にはよく子どもが下痢をしたという。食べ物を持参することは許されていなかったが、普段食べつけていない体に親が持ってきた食べ物をこの時ばかりと食べたからである。食べきれなくて隠しておいたお菓子が朝にはなくなっていたということも珍しくなかった。

　疎開児童の住むところは寺院などが多く、畳は一人一枚、日当たりや風通しも悪く、シラミの温床だった。病人が多発し、死亡者も出た。

飢えに苦しむ

　疎開の思い出といえば飢えに苦しんだ記憶しかないという人も多い。

　沖縄県浦添《うらそえ》の仲西《なかにし》国民学校から宮崎に集団疎開した吉長初子さん（当時一二歳）は、次のように語る。

　宿舎は宮崎県の（小林《こばやし》国民）学校内にあった。宮崎の人たちが服を準備してくれ、とても助かった。私は主に炊事の手伝いをした。配給があったが、食事はほとんど雑炊。一日に一食分くらいしかなく、毎日おなかをすかせている状態だった。遠足に行っても、弁当は形だけ。中はほとんど入っておらず、宮崎の子どもたちが果物などを分けてくれた。とてもよくしてもらったし、うれしかった。それでも栄養失調になる人が続出した。引率の大人たちは農家へ出向き、野菜を買い集めるなど、食料の確保に駆け回っていた。飢えをしのぐのにやっとだったが、戦争中だからぜいたくはできないと思っていた。そのうち、男の子たちが泥棒をするようになった。おなかがすいていて仕方がないからだが、その影響で宮崎の人と仲が悪くなっていった。冬になると寒さで震えた。トイレが遠く、お漏らしする子もいた。手を洗うと水が冷たくてかじかんだ。結局、宮崎で三年二か月間過ごし、小林の国民学校を卒業した。終戦を迎え、「沖縄に返ろう」となって喜んだが、取り消され、終戦から一年が経過した一九四六年八月に沖縄帰還命令が出た（沖縄タイムス編『語れども語れども① うまんちゅの戦争体験』二〇一七年）。

子どもたちが疎開先で最も頼りにするのは教師だった。寮母・作業員・寮医などがいたものの、教師たちの負担は重く、緊張を強いられる毎日だったといえる。

疎開から子どもたちが戻るには、一九四五年一〇月から四六年一一月までかかった。

東京大空襲で焼け出された子ども

一九四五年三月一〇日午前〇時七分、マリアナ基地を飛び立ったB29約三〇〇機が東京の下町に次々と焼夷弾《しょういだん》を投下した。

片倉美喜子さん（当時一三歳）は、向島《むこうじま》区の第一吾嬬《あずま》国民学校の六年生だった。当時を次のように振り返る。

うちは家族八人（母・兄・姉・美喜子・妹二人・弟二人）でした。姉や私は家族と離れるのが嫌で集団疎開には行きませんでした。一〇日の夜中にすごい音と光で飛び起きて、家族全員で布団を井戸で水浸しにして頭からかぶり、弟や妹をおんぶしたり手を引いて白髭橋《しらひげばし》まで無我夢中で逃げました。夜明けが来て、家族全員が無事なことを確かめて、ようやくあたりを見まわしたら、真っ黒な死体が足元に転がり、川には死体が浮き、橋の欄干《らんかん》には死体がぶら下がっていました。死体をよけようとしても、踏まなければ歩けません。煙と何とも言えない匂いのなか、家を探しました。ようやく見つけると、すべて焼けてしまっていました。もう何もかも失ってしまいました。家の押し

吾妻橋から本所区方面を望む（1945年3月19日，日本写真公社撮影，東京大空襲・戦災資料センター提供）

入れの下に作ってあった防空壕を手で掘り出してみると、お米や食料が出てきましたが、お米はおこしのようにカチカチになっていました。でも、食べられそうだったので、それで飢えをしのぎました。罹災《りさい》証明がないと汽車にも乗れません。防空壕で過ごした三日後に向島区役所に行って罹災証明書をもらい、上野《うえの》まで歩いて田舎の秋田に行く列車に乗りました。小学校の同級生の半数以上が亡くなったと聞いています。（本人への聞き取り）

大阪大空襲の夜

中田郁江さん（当時一九歳）は、大阪府女子専門学校の二年生だった。大阪大空襲の記憶を詩にしている。

母はリュックサックに　米や砂糖を瓶から開けてほりこんだ
気も動転　運動靴も一緒にほうり込んだ
勝間《こつま》街道を逃げよう　母と私は勝間街道を北へ北へ逃げ走った

父と姉は店を守るから、と家に残った
私と母は街道を北へ北へと逃げ走った
昭和二〇年三月一三日深夜　間もなく一四日だ。

パラッ　パラパラパラ　真っ赤な火の玉が　焼夷弾が
逃げる道の　反対側の家並みの上に落ちた
真っ赤に燃えた焼夷弾が　家を燃やして地上に落ちた
無我夢中で　母と私は逃げた

たくさんの馬の叫ぶような　いななきが聞こえる
荷車使役の馬の牧場の馬のいななきだ
きっと　馬も死ぬのか　そんな思いが頭をかすめる

ここは大国町《だいこくちょう》か　しかし逃げても　にげても炎の町だ
お母ちゃん　東へ曲がろう　国道へ出よう
国道26号線へ出た
しかし　広い国道　両側の建物　すべて火の海だった
逃げられない　お母ちゃん　家へ帰ろう
店は　どうなったやろか　しかし　お母ちゃん　家へ帰ろう
国道を南へ　そして西へ走った　鶴見橋《つるみばし》通商店街が見えた
燃えている一丁目　両側の店　みな燃えている
二丁目へ　と　仲村鞄袋物店の看板が見えてきた

ああ　店は　家は焼けていなかった
父も　姉も　生きていた　よかったよかった　よかった
姉は　奥の離れの部屋と隣の家との間に落ちた焼夷弾を
火たたきで　必死に　たたき消したという
父と姉が　店と家を守っていたのだった

やがて

家を焼き　人を傷つけ　人を殺した　米B-29の爆音が
遠いのいていった
間もなく夜が明ける
三月十三日　大阪大空襲の夜が明けた（『わたしの戦争体験』平城ニュータウン九条の会冊子、二〇〇八年）

疎開先で空襲に遭って亡くなった肉親の訃報を聞いた子どもたち、疎開せずに空襲で火の海に投げ出され、肉親を失った子どもたちも少なくない。これ以上ない過酷な体験を、戦争は、政府は子どもたちに強いた。

一九四五年三月の東京大空襲から八月の敗戦までに全国五七都市（広島・長崎を除く）が無差別爆撃を受け、莫大な死者を出した。それは一九四一年一一月に改正された「防空法」に原因があった。空襲があっても逃げてはいけない、消火することが国民の義務とされたのである。多くの戦争孤児を生み出した背景には、政府の政策があったのである。

（平井美津子）

〔参考文献〕藤原彰・粟屋憲太郎・吉田裕編『昭和二〇年 一九四五年』（小学館、一九九五年）、大前治『「逃げるな、火を消せ！」戦時下トンデモ「防空法」』（合同出版、二〇一六年）

コラム6

少女の絵日記から

京都府宇治《うじ》市の多田庸子さん（一九三五年生まれ）は、一九四一年に国民学校に入学した。庸子さんは、入学以来ずっと絵日記をつけていたが、太平洋戦争の開戦後になると、戦争のことを書くようになっていった。

日記の内容を紹介しよう（本庄豊編『平和を考える戦争遺物③ 女たちの戦争』汐文社、二〇一三年）。

きょう学校からかえって二かいへあがるとヒコウキの音が「ぶうんぶうん。」と聞こえて来るので、えんがわへ行くと、ちゅうがえりしそうなヒコウキ（この飛行機は日本の練習機と考えられる）を見ました。（中略）私の家のまわりを二かいまわってどこかにすがたを消しました。（一九四二年七月一六日）

長池《ながいけ》へおはかまいりに行きました。はじめおじいさんのをおがみました。左横に多田儀一郎と、かいてありました。私は「大東亜《だいとうあ》せんそうがかちぬけますように。」とおがみました。（一九四二年八月七日）

私は学校からかえってふと兵たいさんのことを思いました。うら（当時、京都市伏見《ふしみ》区で暮らしていた多田さんの自宅の裏には第一六師団があった）の兵たいさんもどんなにごくろうでしょうと考えました。（中略）それで私たちもきばらなければならないと思いました。（一九四二年九月一五日）

私の家はきょう防空ごうをほりました。だいぶふかく、大きくほりました。したは赤つちでした。私は「うれしい、うれしい」といいました。（一九四二年九月二五日）

きょう、学校で防空くんれんがありました。くんれんけいかいけいほうでもんぺをはきました。（一九四二年一〇月二九日）

きょうヒコウキのことを思いだしました。ねえさんがきのう、「天くだる神兵」とおっしゃった。（一九四二年一一月九日）

子どもたちの意識が戦争のなかで形づくられていったことが読み取れる。

（平井美津子）

コラム7

友情人形

一九二七年、日本とアメリカで人形の交流があった。悪化していた日米関係をよくしようと、アメリカ人のシドニー・L・ギューリックが子どもたちを通して友好親善をと、日本の子どもにアメリカから人形を送ることを発案した。日本でも、渋沢栄一《しぶさわえいいち》が賛同し、アメリカから約一万二〇〇〇体の「友情人形」が届けられた。一方、日本からもお礼の「答礼人形」として五八体の「市松《いちまつ》人形」がアメリカに贈られ、アメリカ各地で歓迎された。

東京のデパートや大阪などの会場では「友情人形」の展示会が催され、歓迎式典が行われたのち、全国の幼稚園・小学校などに届けられた。「友情人形」は「青い目の人形」と呼ばれ、寝かせると目を閉じ、抱きおこすと目を開け、背中につけられた発声器から声を出した。人形には生徒らによって名前がつけられ、文部省通達によって学校の備品と同等の丁重な扱いを受け、ガラスケースなどに入れられて飾られていたという。そのため、子どもたちが実際に人形を手に取る機会は少なかった。日本にはこういった人形はなかったので、子どもたちは大喜びし、日本でも姿をまねた人形が発売された。

一九四一年、日本がアメリカと開戦すると「友情人形」はアメリカへの憎しみの対象となっていった。敵の人形として捨てられたり、時にはアメリカへの戦闘意識を育てるために、子どもたちの前で竹やりで刺されたり、火あぶりにされたり、子どもによって踏まれて壊されるような事態も起きた。戦争中に九五％の人形が処分されたともいわれている。

一方、「人形に罪はない」と、捨てられた人形を密かに自分の家に持ち帰ったりするなど、人形を守った人々もいた。現在、守られた人形は約三三〇体に上っており、今も新たに発見されている（岩脇彰編『平和を考える戦争遺物① 子どもたちと戦争』汐文社、二〇一三年）。戦争は人形すら敵国への憎しみの対象に変えていった。

（平井美津子）

問27 GHQは子どもたちをどのようにみていましたか

敗戦後、敵国の兵士たちを「鬼畜米英《きちくべいえい》」と叫んでいた日本の子どもたちの眼に映る外国兵士たちのフレンドリーな接し方は、明らかに想定外の展開だった。チョコレートやガムの甘味に驚きながらジープを追う子どもたちの姿は、敗戦直後の文明の差の象徴である。民主的な施策をはかるGHQ（連合国最高司令官総司令部）は、国体護持から抜けきれない日本政府を指導してゆくなかで、日本の将来と民主主義を子どもたちに期待していた。

GHQ・アメリカ兵士・日本の子ども

GHQの制度上の優位性を政治的にどう進めてゆくか、どうすれば国民が占領政策を受け入れるかは、GHQの当初の大きな課題であった。GHQにとって旧体制は、上意下達に慣れた国民を動かすには便利なシステムだったが、それを全面的には肯定できないという矛盾した認識を持っていた。

GHQのスタッフには専門官と呼べる人は少なかったが、それでも博士号を持った高学歴者や弁護士、連邦政府の要職経験者や優れたパーソナリティを持つものが多かった。宣教師や日本人二世などもGHQの統治に協力していた。

写真は「ワン・アウト・ボール」という野球に似た新しいゲームを考えて、子どもたちに遊び方を教えるGHQの民間情報教育局のノービル少佐である（一九四七年二月二七日）。グループワークなどの導入は、縦社会に慣れた子どもに横のつながりの大切さを教えようとした。当時のグループワークのテーマは「民主的集団づくり」であった。

戦前・戦中の日本の子どもたちの立場

戦前・戦中の子どもたちは、「少国民《しょうこくみん》」と呼ばれる小さなおとなだった。天皇制と家制度を体系化した家族国家観に支配されていた。子どもは親の所有物とみなされ、勤労から戦争まであらゆる分野で国家を支える臣民として存在した。

「欲しがりません勝つまでは」など戦時スローガンのもと自己に我慢を強いられる生活と同時に、敵国に対しては憎悪をかきたたせ、植民地の人々には軽蔑感情を抱く精神構造が

つくられた。終戦は、そのような子どもたちにとっては呪縛《じゅばく》からの解放でもあった。

GHQの児童福祉政策

GHQは悲惨な生活をおくる子どもたちを「世話と保護を要する児童」と捉えていた。日本政府宛に発せられた対日指令、スキャッピン（SCAP Index Number）の一つSCAPIN-775は「社会救済に関する覚書」と称せられ、社会福祉における無差別平等・公私分離・救済の国家責任・必要な救済の充足の四原則を打ち出して、戦後の福祉の基本原則となった。

人身売買・貰《もら》い子・隷属《れいぞく》・労働過酷の状態など、当時の子どもたちのおかれていた状況をGHQは把握していた。それゆえ施設の改修や養子縁組、里親制度、就労などを奨励する一方、その運営姿勢には警戒心を持ってもいた。

GHQは将来の民主主義の担い手として子どもへの援助に取り組み、児童局（一九四七年二月設置）の局長に女性の登用を提案している。

政府による全国の戦争孤児の実態調査（一九四七年）は、フラナガン神父などとの交流のなかで、その数の把握が指摘されたことがきっかけだった。また「戦災孤児等保護対策要綱」（一九四五年）では社会的養護の受け皿として、施設養護より個人家庭での養育を優先的に位置づけていた。しかし、戦争孤児など浮浪児の狩込《かりこみ》事態をみる限り、実質的にはGHQや政府の子どもたちへの行動は人間に対する態度ではなかった。

子どもたちの日米交流（太平洋戦争研究会編『開封された秘蔵写真 GHQの見たニッポン』）

そのなかで、民間の社会事業家や篤志家たちが戦争孤児たちと苦楽をともにした事実はもっと評価されてよい。

その後の児童福祉法（一九四七年）・児童憲章（一九五一年）など子どもの権利主体への展開を考えると、GHQにおける半封建制の呪縛からの解放は児童福祉の展開に一定の役割を果たしたといえる。

（水野喜代志）

〔参考文献〕『占領期における社会福祉資料に関する研究報告書』（財団法人社会福祉研究所、一九七八年）、村上貴美子著『占領期の福祉政策』（勁草書房、一九八七年）、太平洋戦争研究会編『開封された秘蔵写真 GHQの見たニッポン』（世界文化社、二〇〇七年）、浅井春夫・川満彰編『戦争孤児たちの戦後史1 総集編』（吉川弘文館、二〇二〇年）

問 28

新憲法は子どもたちにとってどのような意味を持っていましたか

憲法は国の最高法規であり、法体系のなかで最も強い形式的効力を有する。現行憲法である日本国憲法（以下、新憲法）では「第十章　最高法規」冒頭において基本的人権は永久不可侵の権利であることが宣言され、新憲法の最高法規性の実質的な根拠を明らかにしている。新憲法の制定によって、子どもたちは自身の将来を自分の考えで決めて選ぶことができるようになった。

大日本帝国憲法と日本国憲法

一九四六年一一月三日、新憲法が公布され、翌四七年五月三日施行された。新憲法はそれまでの大日本帝国憲法（明治憲法。以下、旧憲法）とは内容が大きく異なっていた。表に旧憲法と新憲法の主な違いを示す。

「主権」とは国家における最高権力のことをいう。旧憲法では国家の最高権力は天皇が持っていたが、新憲法では国民が国家の最高権力を持つ（主権在民）。旧憲法において天皇は神の子孫として神格を有するとされ、さらに立法・司法・

旧憲法と新憲法の比較

大日本帝国憲法（1889年2月11日公布）		日本国憲法（1946年11月3日公布）
天　皇	主　権	国　民
国の元首，神聖不可侵	天　皇	日本国・日本国民統合の象徴
天皇が陸海軍を統帥 兵役の義務	軍　隊	戦力の不保持 戦争の放棄 （平和主義）
人権は天皇の恩恵であり法律の範囲内において保障	人　権	基本的人権を保障 自由権，参政権，社会権
天皇の協賛機関	国　会	国権の最高機関
天皇を助けて政治を行う	内　閣	国会に対して責任を負う
天皇の名による裁判	裁判所	司法権の独立
制限選挙	選　挙	普通選挙

静岡県総合教育センターホームページ（2021年7月14日閲覧）を参考に作成.

行政などすべての国の作用を掌握し統括する権限を有する者とされた。一方、国民は国家の統治権を天皇が有する国の民であることを意味する「臣民」とされた。旧憲法下では兵役が義務であり陸海空軍が存在した。人権は旧憲法において天皇が臣民に恩恵として与えたものとされていたのに対し、新憲法では人間が人として生まれながらに持っている権利（基本的人権／自然権）であるとされたことが特徴的である。

このように、新憲法は旧憲法によるものの見方や考え方を大きく変える内容だった。

一変した教育と子どもたちの受け止め

戦時下、学校の勉強は「お国のため」であり「戦争に勝つため」だった。旧憲法に基づく教育勅語を基本とする軍国主義教育のもと、軍国少年・少女として育った子どもたちは、敗戦をどう受け止めたのだろうか。敗戦直後の声を紹介する（岐阜空襲を記録する会『戦争のころの少年少女たち』）。

『日本は必ず勝つ』と聞かされ続けた。だからいろんなことを辛抱《しんぼう》してきた。勝つ以外の結果のことを考えたこともなかった。自分も死んでこの世が終わるのかと思った（当時高等女学生）。

戦中の国民学校、戦後の小学校教師を務めた西川さんは敗戦を境とした教育の変化を「忠孝の教育から民主主義の教育」と表現している。「忠孝」とは「主君に対する忠誠と、親に対する誠心の奉仕。臣下としての義務を尽くすことと、子としての義務を尽くすこと」をいう。新憲法によって学校教育のあり方が大きく変わり、新憲法になじむことができない子どももあった。「父親が南方で戦死したという訃報からわずかで敗戦となった。平和国家になって戦争は放棄するのだという。ならば親父はいったい何のために死んだのか？親父が浮かばれぬではないか……。自分はアメリカ文化やら民主主義には決してなじまず、毎朝の神社参拝で父の仇《かたき》を討つことを誓い、戦時中と変わらぬ生活を二年近く続けた」（当時中学生）。一方で「戦争中は、戦争を批判どころか、疑問を感じるだけで非国民と言われた。もちろん授業で教えられたこともない。しかし『教えられなかったから考えなかった』というなら、自分はあまりにおろかだった。『なぜ戦争をするのか』考える力を、人間は持ち続けなければ」（当時高校生）という声もある。

軍国主義教育を素直に受け止めて育った当時の子どもたちの声からは、感受性が豊かな子ども期の教育や環境が、いかに重要かがわかる。

戦争の放棄

新憲法は第二章第九条において戦争の放棄と戦力の不保持

戦争放棄のイラスト（『あたらしい憲法のはなし』1947年）

を宣言した。前文と合わせて、子どもにとって（人類にとって）最大の権利侵害となる「戦争」をしない、軍隊を持たないという「自由と平和を求める世界人類の理想を、声高らかに謳《うた》っている」（高見勝利編『あたらしい憲法のはなし 他二篇』八八〜八九頁）。

政府が新憲法を普及させるために作成した中学一年生用の社会科の教材『あたらしい憲法のはなし』（文部省、一九四七年八月二日）から、「戦争の放棄」に関する部分を引用する。

> こんどの憲法では、日本の国が、けっして二度と戦争をしないように、二つのことをきめました。その一つは、兵隊も軍艦も飛行機も、およそ戦争をするためのものは、いっさいもたないということです。これからさき日本には、陸軍も海軍も空軍もないのです。これを戦力の放棄といいます。「放棄」とは「すててしまう」ということです。しかしみなさんは、けっして心ぼそく思うことはありません。日本は正しいことを、ほかの国よりさきに行ったのです。世の中に、正しいことぐらい強いものはありません。
>
> もう一つは、よその国と争いごとがおこったとき、けっして戦争によって、相手をまかして、じぶんのいいぶんをとおそうとしないということをきめたのです。おだやかにそうだんをして、きまりをつけようというのです。なぜならば、いくさをしかけることは、けっきょく、じぶんの国をほろぼすようなはめになるからです。また、戦争とまでゆかずとも、国の力で、相手をおどすようなことは、いっさいしないことにきめたのです。これを戦争の放棄というのです。そうしてよその国となかよくして、世界中の国が、よい友だちになってくれるようにすれば、日本の国は、さかえてゆけるのです。
>
> みなさん、あのおそろしい戦争が、二度とおこらないように、また戦争を二度とおこさないようにいたしましょう。

新憲法下での教育

一九四五年当時九歳だったアニメーション映画監督の高畑《たかはた》勲《いさお》さんは、詩人のアーサー・ビナードさんのインタビューに答えて敗戦後のことを次のように語っている。

「ぼくの中では、『絶対的な価値というものはないんじゃないかな』という思想が形づくられていった感じです。だって、みんな突然変わるんですから。先生もほかの大人も、教育だってみんなけろりと変わる。かといって、そういう社会の変化に不信感を持ったというわけではなくて、ぼくはおもしろいなと思っていました。（中略）教育の現場がはっきり民主主義的になったのは、ぼくが中学校に入った一九四八年ぐらいからでしたね。ぼくの父（高校教員：筆者注）も先生たちもGHQの研修を受けたんです。学芸会をやるときでも『みんなで民主的にやろう』とかね」「一九四九年、中学二年生のときのことですね。クラスで『再軍備は是か非か』を議論する討論会があったんです。（中略）ぼくは『戸締りは必要』のほうでしたね。多少の軍備はあったほうがいいんじゃないかと思ったんです。だって小さいころからずっと、身近にも兵隊さんがいましたから。ところがクラスで一人、みんなから孤立しながらも絶対に譲らない男がいました。そいつは『再軍備はしちゃいけない』といって頑《がん》として譲《ゆず》りませんでした。『日本国憲法できちんと戦力の不保持をうたっているのに、矛盾している。もう一度戦争を起こして、本当にそれでいいのか』ってね。忘れられないですね」（アーサー・ビナード『知らなかった、ぼくらの戦争』二四五〜二四六頁）。

「兵隊」「従軍〇〇」「銃後《じゅうご》の護り」しかなかった子どもたち（私たち）の将来は、国民主権・平和主義・基本的人権を原理とした新憲法の制定によって、職業選択の自由、居住・移転の自由、人身の自由のもと、自分の考えで決めて選ぶことができるようになった。思想・良心の自由、信教の自由、学問の自由、表現の自由などが認められて教育のあり方も変わり、何より、子どもたちは「なぜ」「どうして」を深く考え、自分自身で善悪や美醜を見抜く力を養うことができるようになった。

（片岡志保）

〔参考文献〕吉村文成『戦争の時代の子どもたち—瀬田国民学校五年智組の学級日誌より—』（岩波書店、二〇一〇年）、高見勝利編『あたらしい憲法のはなし 他二篇』（岩波書店、二〇一三年）、アーサー・ビナード『知らなかった、ぼくらの戦争』（小学館、二〇一七年）、岐阜空襲を記録する会『戦争のころの少年少女たち—「欲しがりません、勝つまでは！」の時代に—』（岐阜新聞社、二〇一八年）、芦部信喜著・高橋和之補訂『憲法 第七版』（岩波書店、二〇一九年）

問 29

教育基本法の制定の意義と教育観について教えてください

一九四七年三月に、日本国憲法体制下における教育の目的や内容を定めた教育基本法が制定された。教育基本法の制定は、戦前の天皇大権《たいけん》による教育支配と、臣下としての児童観を厳しく批判するとともに、日本国憲法の理念に基づき、権利としての教育への大転換をはかった。

教育勅語と教育観

明治憲法（大日本帝国憲法）のもとでは、一般には法律主義の原則がとられていたものの、教育は、少数の例外を除いて、法律に基づかない天皇大権（明治憲法九条）を根拠として、独立命令によって行われた。一八八八年には天皇の諮問《しもん》機関として枢密院《すうみついん》が設置され、一九〇〇年の「御沙汰書《ごさたしょ》」により、教育の基本に関する勅令はここで決められるようになった。このことは教育内容が帝国議会での審議を経ずに、すなわち法律に基づかずに決められてしまうことを意味する。

一八九〇年には、教育の基本方針を示す明治天皇のお言葉としての「教育ニ関スル勅語」（以下、教育勅語と表記する）が出された。教育勅語は、法律としての性格を欠いているにもかかわらず、教育立法の最高法規的地位に君臨することとなった。その内容は、児童を含むすべての国民は天皇家の臣下であるとし、家庭内の関係安定や遵法《じゅんぽう》精神の高揚とともに、戦争の際には積極的参加を促すものであった。この教育勅語に基づき、臣民教育の路線が敷かれることとなった。大正時代に入り、大正デモクラシーのなかで世界各地の教育思想の影響を受け、日本でも大正自由教育の運動がみられるようになる。しかし、一九三〇年代の戦時体制下に入ると、教育勅語に基づく臣民教育の徹底が行われるようになる。

この時代の教育のもとで、児童はどのように捉えられていたのだろうか。児童は、天皇家の臣下であり、教育者から一方的に働きかけられる客体としての存在にすぎない。満洲《まんしゅう》事変の前後から、たとえば小学校の行事には天皇制的国家儀礼が増大し、授業のなかにも国家主義的色彩が濃厚になった。一九三九年度ごろになると勤労奉仕が強化され、学校の日程

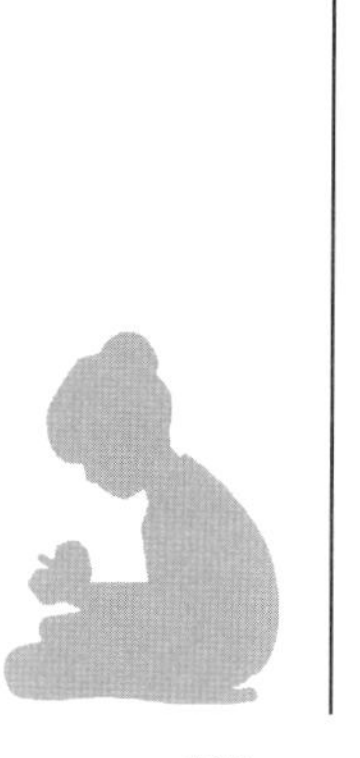

に組み込まれた。また、体位向上のために自転車通学を禁止して徒歩通学を励行している。戦時期は児童を、天皇を支える小さな国民（少国民《しょうこくみん》）として位置づけていることがよく表わされている。

新しい教育についての議論

一九四五年八月、多くの人命を犠牲にして、日本は敗戦を迎えた。同年九月に、文部省は戦後の学校教育の指針を示すべく「新日本建設の教育方針」を公表した。今後の教育の方向性として、民主的・文化的国家の建設のために、軍国的思想および施策を払拭《ふっしょく》し、平和国家の建設を目標に掲げ、国民の教養の向上、科学的思考力の涵養《かんよう》、平和愛好の信念の養成などが重点目標とされた。一方で、教育の役割の一つに国体護持が盛り込まれていた。この国体護持に対し、GHQは強い警戒感を示し、同年一〇月には、幣原喜重郎《しではらきじゅうろう》首相に対し憲法改正の必要性とともに、教育の自由化を要求する。GHQは戦後日本の教育改革について、四つの教育に関する指令を出し、進むべき方向性を示した。最初に出されたのが、「日本教育制度に対する管理政策」であり、教育内容などについて定めたものである。これは、軍国主義的イデオロギーや、極端な国家主義的イデオロギーの普及を禁止し、軍事教育の学科や教練を廃止することを命じる内容であった。また、基本的人権の思想などを教え、実践することを奨励すべきだとの内容も含んでいた。

さらに、GHQは教育の民主化を実現するためにアメリカ教育使節団を要請し、一九四六年に同使節団が来日した。同使節団を受け入れるための日本の教育関係の専門家らによる委員会が結成されて、このメンバーの一部によって同年八月には教育刷新委員会が設置された。

教育刷新委員会では、戦後日本における教育の目的やどのようなことに教育上の重点をおくのかが議論された。このなかでは戦前の教育勅語の評価についても議論された。同委員から肯定的な意見が多数派を占めるなか、森戸辰雄《もりとたつお》は教育勅語の精神は一種のパターナリズムであるとし、根本的に改変されなければならないと反対した。結果的には、GHQが教育勅語を戦前通りに扱うことを否定する通達を出し、戦後の教育においては教育勅語やその考えを引き継がないことが確定した。そのため、新たな教育について法律を定めることが必要になり、教育刷新委員会内に設置された第一特別委員会によって、教育基本法要綱原案がまとめられることになった。

教育基本法の教育観

一九四六年一一月公布の日本国憲法は、国民主権・基本的人権の尊重・平和主義を三本柱とし、すべての国民に対して教育を受ける権利を位置づけた。

一九四七年三月には、特別第一委員会が作成した教育基本法要綱原案に基づき教育基本法案が帝国議会に上程され、原案の通りに教育基本法が可決成立する。当時の文部大臣は、教育基本法を教育宣言とも教育憲章とも主張しうるものであるとし、実質的には教育に関する根本法であると発言している。

教育基本法は、格調高い前文において、日本国憲法の理念に基づいた新しい日本の教育の方向性を示したうえで、本文において具体的に教育の目的・教育の方針・教育の機会均等・義務教育・男女共学・学校教育・社会教育・政治教育・宗教教育・教育行政・補足の全一一条からなる法律である。

前文では、日本国憲法によって目指すべき国家を示し、その理想の実現には、根本において教育の力によることを明記する。同法が目指す教育とは、個人の尊厳を重んじ、真理と平和を希求する人間の育成を期すること、また普遍的で個性豊かな文化の創造を目指すことであることが、明瞭に示されている。

教育基本法は、戦前と比較して三つの特徴をあげることができる。一つ目は、戦前の教育立法の勅令主義を否定し、日本国憲法のもと法の支配原則を体現したことである。戦前の教育勅語は、一九四八年六月の国会決議において厳しく批判され、廃止決議が出された。教育基本法は、日本国憲法下での法の支配原則のもと、唯一の立法機関である国会で制定された存在であることこそが最大の特徴である。戦前の教育勅語に基づいた教育への厳しい否定がある。二つ目は、日本国憲法が目指す民主的で文化的な国家建設と世界平和の実現を、教育理念・教育原則として位置づけたことである。三つ目は、国家が独占していた教育権を国民に開放したという意味で、権利としての教育を確立したことである。

新たな憲法・教育基本法のもとで、児童はどのように捉え直されたのだろうか。戦前とどのように異なるのだろうか。まず、日本国憲法において、すべての国民は基本的人権を持つとともに主権者であることが確認される。ここに児童が含まれることはいうまでもない。そして、すべての国民は教育を受ける権利を有することを確認しており、児童も教育を受ける者と位置づけられている。

教育基本法を通じて示される児童観は、さらに豊かである。児童は、教育によって将来的に「人格の完成」が目指され、平和な国家および社会の形成者として期待される。教育はあらゆる機会に、あらゆる場所で実現され、その目的のために、学問の自由が尊重され、実際生活に即し自発的精神を養う者として期待される。さらに、児童は人種や性別、社会的身分などを理由に教育を受けられないことがあってはならず、その教育の内容は義務教育にとどまらず、社会教育・政治教育・宗教教育まで視野に入れられている。

このことから児童は、戦前のような天皇の臣下としてではなく、主権者として豊かな教育内容を学ぶことが期待されているのであり、また将来の平和な国家および社会の形成者として期待されているのである。

戦争孤児と学校生活

教育基本法が施行されると、戦争孤児も義務教育を受けることになった。しかし、学校へ通い始めたばかりの時期は、学校に通い続けられない、また学校内で孤児を理由に差別を受けることもあった。長崎県で戦争孤児になった銭田常雄さんは、親戚の家に預けられており、義務教育は「苦労と言ったら苦労の始まりでしたね。月のうち一回か二回ぐらいですかね。学校に行ったのは。その間に子守り、牛の餌《えさ》、草刈り、そういう仕事が」と振り返る。また、同じく長崎県の坂本大八さんは「俺たちが一般の学校へ行くことは、周囲のPTAが反対したとよ。昭和二二年頃はね」と証言する。学校に通うようになっても、銭田さんは「学級の人に言われたことは覚えていますよ。『孤児』『お前は孤児だ』『戦災孤児だ』」と、侮蔑《ぶべつ》的な言葉を忘れることはないという（NHK総合「ひまわりの子どもたち～長崎・戦争孤児の記憶」二〇二一年八月一四日放映）。

（鈴木　静）

〔参考文献〕鈴木栄一「戦後の教育改革」（『教育学研究』三七—三、一九七〇年）、大門正克『増補版 民衆の教育体験—戦前・戦中の子どもたち—』（岩波書店、二〇一九年）、堀尾輝久『人権としての教育』（岩波書店、二〇一九年）、広岡義之・津田徹『はじめて学ぶ教育の制度と歴史』（ミネルヴァ書房、二〇一九年）

30問

児童福祉法の制定と子ども福祉行政はどのように発展しましたか

児童福祉法は一九四七年一二月に公布された（施行は一九四八年一月）。その成立が急がれた背景には戦争孤児（浮浪児）の問題があった。戦争孤児（浮浪児）対策を中心として始まった児童福祉法と子どもの権利を定めた児童憲章の制定までの流れについて、福祉行政の動きとGHQの影響という視点から概観する。

戦後の戦争孤児（浮浪児）対策

戦争によって家族を亡くした子どもたちの一部は、行き場をなくし、いわゆる「浮浪児」と呼ばれるようになった。戦後に「浮浪児」として社会から問題視される前、戦時下の一九四五年六月には「戦災遺児保護対策要綱」が立案されていた。そこでは戦争により親などを失った子どもたちは「国児《こくじ》」として国家責任で保護していくことが示されていた。しかし、戦争が終わったことで子どもたちへの対策は変化したのである。

終戦後の一九四五年九月に国の次官会議で決定された「戦災孤児等保護対策要綱」は、孤児を保護し、成長した際に独立した生計を営むことを目的とした。ここで問題となるのは、彼らを保護・収容する方法である。東京都では、この要綱を受けて一〇月には、「浮浪児」とされた孤児たちを対象とした狩込《かりこみ》と収容を行った。こうした動きは公安・公衆衛生の側面から実施されたものであり、強制的な措置であった。また、収容後もその施設の劣悪な環境や扱いのため脱走する子どもが後を絶たないことも多かった。

GHQと日本政府

戦後、アメリカの占領下に置かれた日本はGHQによる戦時体制の解体と民主化という政策を展開していく。医療・衛生・食料など物資の不足、生活困窮、治安、戦争孤児などさまざまな社会問題が発生していた。こうしたなかで、児童福祉の政策の方向性は、GHQによる児童福祉総合政策構想（一九四六年一〇月）で示された。

それまで「浮浪児」や犯罪に関すること、障害のある子ど

もと狭い範囲を対象としていた「児童保護」から、一般の子どもに対象を広げた「児童福祉」になったことは大きな変化であった。こうした概念転換により、法律の名称も「児童保護」から「児童福祉」に変化した。また、このような流れのなかで、厚生省は一九四七年三月に厚生省児童局を設置し、児童福祉に関することを一元化していった。

児童福祉法制定

児童福祉法が制定されるまでに、まず児童保護法法案（大綱案）が一九四六年一〇月に示された。その後、児童福祉総合政策構想を受け、一九四七年一月には児童福祉法要綱案が示されている。こうして、一九四七年一二月に児童福祉法は公布された。

しかし、児童福祉法が施行されたのちも当初から問題解決を求められていた「浮浪児」対策は十分に進むことはなかった。そのため、一九四八年九月に浮浪児根絶緊急対策要綱が閣議決定された。この要綱では、「浮浪児に対する保護取締を連続反復して徹底的に行うこと」を掲げており、公安・治安維持の対象として子どもたちをみていることがわかる。また、「これらの児童を発生させる社会的原因を根絶する」と書かれているが、その原因が人々の「安価な同情」であって国民の側にあると当時の政府が認識していたことがわかる。

児童福祉法が制定され子どもの権利が示されたなかでも、場当たり的な収容保護施設の設置、具体的な支援のあり方が検討されなかったこと、そして何よりも財源の不足など課題が多く、子どもの人権が侵害されている状況が続いた。

子どもの権利―児童憲章の制定

戦後、児童福祉法のほかにも少年法や学校教育法、労働基準法も整備され、子どもたちの権利を守る方向性は示されていった。しかし、こうしたなかでも、戦争孤児となったり、犯罪で何とか生き延びる子ども、労働力として人身売買の対象となり搾取される子どもなど、さまざまな問題が残されていた。こうした問題を社会全体で共有し子どもの幸福を追求していくため、一九五一年五月五日に児童憲章は制定された。法律を整備するだけでは、子どもたちの権利を守ることは不十分であり、戦後の早い時期に子どもの幸福や権利を意識した児童憲章が制定された意義は大きかったといえる。

（酒本知美）

〔参考文献〕駒崎道『GHQ「児童福祉総合政策構想」と児童福祉―児童福祉政策における行政間連携の歴史的課題―』（明石書店、二〇一六年）、藤井常文『戦争孤児と戦後児童保護の歴史―台場、八丈島に「島流し」にされた子どもたち―』（明石書店、二〇一六）

問 31

ララ物資の実態について教えてください

上野《うえの》駅では一九四五年一〇月の一日平均餓死者二・五人。大阪では八月六〇人、九月六七人、一〇月六九人が餓死している。敗戦直後の国民は食料不足だけでなくインフレによる生活難におそわれていた。ララ物資も当時の時代状況を知るキーワードである。救援物資の配給は国際協力の可能性、援助のあり方など、現代の私たちにも共通する問題ともいえる。当時の子どもたちとララ物資の関係について取り上げたい。

食糧難の事情と学校給食

食糧難を引き起こしたのは、ただ戦争で兵士にとられ農業生産者が不足しただけでなく、植民地からの移入米がなくなったこと、天候不良による凶作、農家の米の出し渋りなどが原因と考えられる。それに加えて、海外からの引揚《ひきあげ》者・復員《ふくいん》者数六六〇万人の人口急増がある。成人でさえ配給でまかなえる一人当たりの必要カロリーは、必要量の五四％（一九四五年一二月）だった。

表は、一九四五年四月から翌年三月まで富山県福光町《ふくみつまち》に集団疎開した東京女子高等師範《しはん》付属国民学校児童の体重測定の記録を抜粋したものである。この表から、学童疎開の児童たちは体重が徐々に低下していく傾向がわかる。児童を受け入れたどこの疎開先でも、台所事情はさして違いはないだろう。

ララ物資とは何か

ララとは Licensed Agencies For Relief In Asia の頭文字をとったものである。日本・朝鮮・沖縄を救援するために、アメリカでアジア救援公認団体として一九四六年四月八日に設置された団体である。その構成メンバーは、カトリック戦時救済奉仕団、米国フレンド奉仕団、兄妹奉仕委員会、ＹＭＣＡ、ＹＷＣＡ、救世軍、クリスチャン・サイエンス奉仕委員会、教会世界奉仕団、アメリカ労働総同盟、産業別組合会議、ルーテル教会世界救援会、ガールスカウト、メノナイト中央委員会、ユニテリアン奉仕委員会の一四団体である。

一九四六年一一月三〇日に横浜新港埠頭にハワード・スタンズベリー号の第一便が到着する。そこから一九五二年六月

まで六年間にわたり輸送船四五八隻が入港。総数量一万六七〇〇t、金額にして四〇〇億円をはるかに超える救援物資が日本に運ばれてきたのである。日本では一四〇〇万人以上がその恩恵にあずかったといわれている。

救援物資の内容は、脱脂粉乳《だっしふんにゅう》・穀物・缶詰類・油・砂糖・塩などの食糧品類、医薬品・医療器具類や衣類・靴・石鹸・裁縫道具などの日用品類、新鮮な乳が飲めるように乳牛四五頭やヤギ二〇三六頭などの家畜も送り届けられた。この現物給付の架け橋となったのは、主に北米・ハワイ・南米の在留邦人や日系米人たちであり、日本の惨状を訴えララ物資の仲介を担った。また日本に滞在経験のある宣教師などもスタッフとしてこの活動に尽力した。

富山県福光町に集団疎開した東京女子師範高等附属国民学校児童の体重（1945年）

	4月16日	5月13日	6月16日	7月16日	8月15日	9月15日
3年男1	24.5kg	24.2kg	23.3kg	21.8kg	22.0kg	21.5kg
男2	21.0kg	21.2kg	20.3kg	19.3kg	18.5kg	18.0kg
男3	19.5kg	19.7kg	18.9kg	17.7kg	17.0kg	記入なし
男4	20.0kg	19.9kg	19.3kg	19.0kg	18.5kg	18.0kg
2年女1	20.0kg	20.0kg	19.4kg	19.1kg	18.0kg	18.0kg
女2	19.0kg	19.4kg	18.9kg	17.2kg	17.0kg	17.0kg
女3	22.0kg	21.8kg	20.5kg	19.7kg	19.0kg	記入なし
女4	21.5kg	21.0kg	20.2kg	19.3kg	19.5kg	18.0kg

野垣義行編『日本子どもの歴史七 現代の子ども』33頁.
月日と体重kgを筆者が加筆した.

戦前日本で社会事業を展開していたが、戦争のため日本を離れたカナダ人宣教師G・E・パット神父は「ララ物資の父」として多くの人々の尊敬を集めた。この時期、生活困窮者たちの援助に重要な役割を果たした人物である。伝道活動のなかで知った日本をこよなく愛し、破壊された風土を悲しみ、おしげもなく尽力した人物である。活動半ばで倒れたが、他にも名声も求めずミッションを遂行した無数の人々を心に留めておきたいものである。

横浜「ララ」倉庫（新堀邦司『愛わがプレリュード』）
左端がパット婦人，1人おいてパット神父.

一九四七年前半までのララ物資の配布先は、乳児院、孤児・浮浪児収容施設、結核《けっかく》・ハンセン病療養所などの施療施設、養老院であった。救援物資が増えるとともに、保育所、国立病院・療養所、盲ろうあ学校、一般の学校給食へとその対象は広がっていった。さらにその範囲は戦災者・引揚者・開拓者・一般困窮者・学生生徒・災害の罹災者《りさい》へと広がっていった。

ララ物資以外でも、救援物資はユニセフあるいはガリオア資金（米軍が日本とドイツに支出した貸与の援助資金）などがある。一九四六年、このガリオア資金による国民学校で週に二回の給食がスタートしたが、初日は占領軍の軍用缶詰五〇〇〇tが放出され、ララ物資などからの脱脂粉乳も活用された。同年の秋からは学校給食は全国へ広がっていった。

ララ物資の目的

ララ物資は「日本の復興に供するため」「国籍・宗教・人種又は政治的信念による区別することなく」「公平・有効迅速且つ適切に無償配分」を目的としていた。公平さ・有効・迅速がこの現物支給の三大モットーであった。

占領軍は、旧秩序を使った緊急生活援護体制や政策意図にかなり不信を持っていたといわれている。窮乏化した国民の生活実態にみるべき施策のない日本政府のいわば無為無策に対して、警戒と牽制《けんせい》を行っていた。そして旧軍隊の隠匿《いんとく》物資の横流しや闇流出、泥棒などが横行している現実に、厚生省や地方庁はララ物資が生活困窮者の手元にきちんと届くか細心の注意を払い、ルート確保に神経を使った。配付の責任は、日本政府に一任されていたからである。

ララ物資を受けた人々の反応

この恩恵を受け、生き方を変えた人々が『ララ記念誌』に何人も登場する。ある母子寮で暮らす母と子は父親を戦争で失ったことで、アメリカが行うこの援助に対して素直に喜べなかったが、世界平和に貢献するララの精神に触れるなかで希望を見出していったケース。また家出をして靴磨きをしながら放浪の旅をしていた少年が児童養護施設に入所となり、行き当たりばったりの放浪時代の悲惨さに比べ、ララ物資で体力・身体を回復し生活が落ち着いてきたケース。アメリカ兵との間に生まれた混血児を家族の反対で手離さざるをえなくなったが、その子は受け入れ先のララ物資の援助を受けた育児院で体も丈夫となり、縁のあった婦人警官の養女に貰われていったというケースなどもある。施設に収容された戦争孤児たちは施設から脱走する者も多かった。しかしララ物資が施設に届けられて以降、脱走する者など一人もいなくなり、学園の空気が明るくなったというケースの紹介もあった。表現に少し誇張もあるかもしれないが、ララ物資は、食糧不足の混乱のなかで国民に広がっていた虚脱感・不信感から生きる力を呼び戻し笑顔をもたらしたことは事実であろう。

平和の意味や健康への関心に気がつき、これからの未来に希望を見出すきっかけになったとすれば、ララ物資の援助は日本国民にとっては意義のあることであったと思われる。

その他の施設での受け入れ

ある児童養護施設の記念誌には、「昭和二二年五月ララ救援活動が開始されホット一息という段階になった」との記述もある。また『京都新聞』（一九四九年八月三〇日付）の記事には児童福祉施設ではないが、「〝こりゃ温いわい〟海越えての贈物に養老院の喜び／ロサンゼルスから海を渡って在留同胞の温い贈り物が二九日のひるごろ嵯峨《さが》大覚寺《だいかくじ》の養老院壽楽《じゅらく》園《えん》に到着した、（中略）子供に負けない大はしゃぎだ、（中略）寒さが一番苦手のお年寄り達には何より温い衣類ばかり」の記事もある。

その他、施設記念誌や地方誌、新聞記事などにもララ物資についての記述が散見される。ララ物資の供給は、戦争の犠牲者や物資の欠乏にあえぐ人々にとっては一定の満足感を与え、温かい心にふれるなかで人間としての誇りを思い出させるものであった。

アメリカ軍の食料配給（1946年6月，『写真集 子どもたちの昭和史』大月書店，1984年）

救済活動のその後

ララ物資がとだえたのちは、ＣＡＣ（米国フレンド奉仕団・カトリック戦時救済奉仕団・教会世界奉仕団の頭文字）と呼ばれた援助団体がララ物資に替わり、主に社会福祉施設への救援事業を継続し、厚生省と全国社会福祉協議会が配分を協力し合い一九六三年六月まで救援事業が続いた。

物資が豊富な世の中になると、飢えて死にそうだった時期をつい忘れてしまいがちになる。ララ物資は、戦勝国から敗戦国へのたんなる余り物の物資の提供ではなく、世界中の国の連帯のあり方、あるいは人間の暮らしの逼迫《ひっぱく》を見逃さない良心の表れという素直な意志が確認できる行為でもあった。

（水野喜代志）

〔参考文献〕『ララ記念誌』（厚生省、一九五二年）、野垣義行編『日本子どもの歴史七 現代の子ども』（第一法規、一九七七年）、新堀邦司『愛わがプレリュード―カナダ人宣教師G・E・バットの生涯―』（日本基督教団出版局、一九九四年）、『慈善から福祉へ―全国社会福祉協議会九十年通史―』（全国社会福祉協議会、二〇〇三年）、斎藤美奈子著『戦時下のレシピ―太平洋戦争下の食を知る―』（岩波書店、二〇一五年）

問

32 敗戦直後からの子どもの救済活動について教えてください

子どもの救済活動は、戦前から行われていたが、敗戦後はそれまでみえなかった子どもをめぐる問題が表面化した。戦争という非日常のなかですべての人たちが生きることに必死だったために子どもに関する問題が放置されていたこともあるが、戦後の占領期にGHQが持ち込んだ子どもたちの権利を守るという思想が影響していると考えられる。敗戦後のさまざまな社会問題に対して、行政機関では「公助」の概念を確立させていった。そうした流れのなかで児童福祉を位置づけていった。さらには、赤十字社《せきじゅうじしゃ》や赤い羽根募金など民間の福祉活動も積極的に行われた。

戦前の子ども支援

戦前も福祉活動が行われていたが、これらは皇族や裕福な実業家、宗教団体による施《ほどこ》しとしての慈善活動であった。戦前の公的な生活困窮者や孤児への支援は、救護法（一九二九年）により実施されていた。救護法は国が救済をすることを明確にした法律であったが、一三歳以下の子どもで親がいない場合は、孤児院で措置されるなど対象は限定的なものであった。民間で実施していた福祉活動も不十分であり、公私ともに支援が不足するなかで、戦争による被害は甚大であり社会全体が困窮し、支援を必要とする人々があふれるなかで、敗戦後の子どもの新しい支援のあり方が模索されていく。

敗戦後の行政による子ども支援

日本はGHQによる占領期に国内のさまざまな社会問題に取り組んでいく。戦前から日本では自助により生活困窮やその他の生活における課題を解決してきた。その背景には強固な家族制度があり、家族間で義務として「面倒をみる」ということが当たり前と考えられていた。そして、同居の家族内での支援が難しい場合、親類に対しても拡大して支援を行うといういわゆる血縁関係でお互いに助け合う形が一般的であったとGHQ公衆衛生福祉局長だったクロード・F・サムスが述べている。こうした自助を文化とした日本において、国民に互助や公助の概念を育てていくことが必要であった。

戦前の救護法は国として救済するものであったが、天皇による「恩賜《おんし》」という概念が強く、政府が国民のために支援をしていく公助という新しい概念を政府としても獲得していくことが求められた。日本国憲法の第二五条では「すべて国民は、健康で文化的な最低限度の生活を営む権利を有する。国は、すべての生活部面について、社会福祉、社会保障及び公衆衛生の向上及び増進に努めなければならない」と規定し、国民の生存権と国の責務が示された。その後、日本国憲法を受けて生活保護法が一九五〇年に公布・施行され、国家責任としての最低生活の保障が掲げられた。これら憲法や生活保護法により、政府の公的な支援（公助）が明確になった。さらに、こうした政府の公助のひとつとして子どもの福祉のための児童福祉法（一九四七年）が位置づけられた。

海外からの支援

物資不足だった日本に食糧・医療・衣料品を送るための窓口として、アジア救援公認団体（以下ララ）が設立された。これは、アメリカの宗教団体から送られた物資が特定の関連団体のみに届くことへの不公平感を回避することを目的としていた。ララでは、困窮度によってさまざまな民間の福祉団体に物資を配分していく制度設計がなされていて、これらの支援物資は、戦争孤児となり養護施設で暮らす子どもたちにも多く届けられていた。日本にはキリスト教が根づいていなかったため、キリスト教団体からではなくララに一括して物資を集めて分配していくという方法は、寄付を受ける側の気持ちにも配慮されていたと考えられる。その他、海外からの支援では国連児童基金（以下ユニセフ）の活動を通して脱脂《だっし》粉乳《ふんにゅう》が学校給食のプログラムに導入されるなど子どもたちの成長に欠かせない活動も行われていた。国内では食糧をはじめ、さまざまな物資が不足しているなか、海外からのこうした寄付による支援は国民の生活を支えていた。

赤十字社の活動

日本赤十字社は、一八七七年に博愛社《はくあいしゃ》として出発している。戦争中の兵士などの負傷者救護という赤十字社の思想を受け継ぎ、戦時下において戦時救護と医療を行うことが任務とされていたため、赤十字社の活動は戦争を想起するものであった。そのため、敗戦を契機として、こうしたイメージを払拭《ふっしょく》することが必要であったことから、活動を戦時事業から平時事業へと変化させていった。その内容は、災害救護や一般的な保健医療、戦前から行っていた看護師の養成、奉仕団活動や青少年赤十字という社会全般にわたるものである。

戦前は、国家政策として兵力・労働力の増強がうたわれ、母子保健は重要な課題の一つであったことから、一九二二年に赤十字社産院が開設されている。戦後の福祉事業の一つとして、日本赤十字社産院に一九四八年、児童福祉法による乳児院が設置された。戦後の混乱期において、生後すぐに遺棄《いき》されたり、さまざまな事情で育ててもらえない子どもたちのなかには医療が必要な子どもも多くいたと想定され、赤十字社が乳児院を持つ意義は大きかったといえる。また、児童養護施設も一九五〇年から子どもたちを受け入れている。日本赤十字社が運営していたことから、この児童養護施設には診療所が設置されて療養室もあったので、一九五二年には結核《けっかく》予防法による指定医療機関にも指定されている。これは、戦前から子どもの結核対策を行ってきた赤十字社の流れも汲んだ特徴のある活動であったといえよう。こうした赤十字社ならではの医療や保健のアプローチに福祉の視点を加えた乳児院や児童養護施設の運営をすることは、他の児童福祉と比較した場合に利点であったといえよう。

赤い羽根活動がもたらしたもの

　戦前の福祉とは、親類・縁者の義務としての保護が第一であり、そうした保護が行き渡らない場合に恩恵として国から与えられるものという考え方が主流であった。一部、福祉の資金として財閥や特権階級にある人たちが名誉のために寄付をしたり、宗教的な動機から篤志家《とくしか》が寄付をするという文化はあったが、一般庶民にとって福祉への関心は薄いものであった。しかし、一九二三年の関東大震災から始まり、一九三〇年代の世界恐慌《きょうこう》、そしてその後の戦争と生活に困難な状況が発生するなかで、生活困窮の原因が本人にあるのではなく社会にその要因があるという考え方も徐々にではあるが醸成されていった。こうしたなかで、これまで十分に育ってこなかった国民同士が助け合うという互助が求められるようになっていく。

　また、赤い羽根活動の背景には日本国憲法八九条の公私分離の原則があったことも影響している。その内容は「公金その他の公の財産は、宗教上の組織若《も》しくは団体の使用、便益若しくは維持のため、又は公の支配に属しない慈善、教育若しくは博愛の事業に対し、これを支出し、又はその利用に供してはならない」というものであり、民間の福祉活動において、国や地方公共団体から委託された仕事に関しては委託費による運営を行ったが、それ以外の活動については自費で担っていかなければならなかった。こうした自費での活動を支えるための一つとして、一九四七年に募金運動が開始された。

　この募金活動が、のちの赤い羽根共同募金会に発展していく。これは、公私分離の背景のほかに、戦後の社会問題を政府だけが担うのではなく、柔軟性のある民間の社会福祉活動にも担ってもらうべく、資金を調達するために実施されたものである。こうした募金活動が支持されるようになった背景には、基本的人権の思想が政治的に持ち込まれたこと、社会的要因によっても生活が困窮するという国民の意識の変化、そしてその変化のうえに民間の福祉事業が国民に支持されていくという過程があった。それまで自助が主となって実施されてきた福祉活動が、与えられるという形から政府の責任としての公助、さらには国民がお互いに支え合う互助（共助）へと制度も国民の意識も変化していった。こうした社会の変化のなかで赤い羽根募金活動は根づいていったのである。

民間の社会福祉活動

社会事業と呼ばれた戦前から、民間では行政のできない（しない）ことを補塡《ほてん》する役割を担っていた。ＧＨＱが率先して行った活動のひとつは、アメリカで貧困により非行に走る子どもたちのための「ボーイズタウン」をつくり活動していたフラナガン神父を日本招致がある。神父は日本中を回って、さまざまなグループに対して児童福祉の重要性を伝えていった。こうした活動の一つが実を結び「神戸《こうべ》少年の町」となった。このような児童福祉の活動は、日本各地で起こっていく。

戦後は、戦争孤児たちのための民間施設が多く設立されていく。また、時代がやや下がると、もう一つの課題となる占領期のアメリカ兵と日本人女性との間に生まれたいわゆる「混血児」のための施設ができるなど、時代の問題に沿ってさまざまな民間施設もつくられていった。その背景には、戦前から変わらず宗教団体を母体とするものも多かったが、いわゆる「善意」のなかで生まれた活動も多く、その後の子どもの成長を支えていくことになった。このように、多くの国民にとって直接関係がなく、後回しにされてしまいがちな課題に対して、目の前の課題に必要な支援を創造していく民間の社会福祉活動は、社会的に排除されやすい子どもたちにとって大きな意義があったといえる。

（酒本知美）

〔参考文献〕Ｃ・Ｆ・サムス、竹前栄治編訳『ＤＤＴ革命』（岩波書店、一九八六年）

問 33

天皇の全国巡幸の実態について教えてください

戦前の天皇の位置は絶対的権威を持ち、憲法上の元首であった。しかし敗戦の現実はその立場を危うくした。一九四六年から五四年にかけて、天皇は日本各地を巡幸《じゅんこう》した。時代が大きく変わり、天皇が「現人神《あらひとがみ》」から人間へと転向する実践が巡幸をとおして行われた。

戦前の天皇の位置

大日本帝国憲法の第一章は天皇に関する条文である。第一条は「大日本帝国ハ万世一系《ばんせいいっけい》ノ天皇之ヲ統治ス」、また第三条は「天皇ハ神聖ニシテ侵スヘカラス」と規定されている。すなわち天皇が日本の国を統治し、その権威は絶対的なものとして断定している。戦争の遂行も、戦争の終結も天皇の決断なしには実現できないのである。その存在は国民からは遠く神格化され、天皇制絶対主義として国民の生活・精神のすみずみにまで影響を与えていた。

天皇制をめぐる国民の認識

太平洋戦争（一九四一～四五年）は、日本がポツダム宣言を受諾することで終わりを告げた。神格化されていた天皇については、戦争責任問題の議論がオーストラリアなどの国々からもあがり、日本共産党などからは天皇制を廃止し共和制へ移行すべしとの意見も出されていた。

戦後の世論調査では、敗戦したにもかかわらず、国民の八割から九割が天皇制の存続を希望していた。しかし『毎日新聞』の調査では、天皇制支持者のなかで「現状のままを支持」は一六%であり、天皇制を肯定はするが、そのままの支持ではない意見が多く、複雑な感情が生まれていた。

巡幸に対する国内外の反応

連合国軍最高司令官マッカーサー元帥は戦争終結にともない、数々の改革を手ばやくスムースに断行する必要に迫られていた。それには日本国民の協力が得られるかどうかが改革の遂行の鍵であった。

巡幸の目的は「全国各地（沖縄を除く）をまわり、直接に国民を慰《なぐさ》め、復興の努力を励ます」もので、アメリカ政府は

埼玉村の歓迎に応える昭和天皇（『昭和 二万日の全記録第7巻 廃墟からの出発』講談社，1989年）

その件については否定もせず、（天皇制を）利用する方針を出していた。天皇の巡幸は一九四六～四七年、四九～五一年、五四年の間、神奈川から始まり北海道まで実に三万三〇〇〇kmに及んでいた。全国どこへ行っても国民は大歓迎で出迎えた。「あ、そう」の言葉やソフト帽をかざす独特の言動は、次第に国民のなかにも親近感を呼び、「現人神《あらひとがみ》」のイメージを取り払っていった。

実はこの巡幸の前に、一九四六年には「人間宣言」が出されている。この勅書の原案はGHQなどが作成したもので、天皇は神ではなく人間でありカリスマ性を否定したものであった。巡幸は人間宣言の実践の場として行われたのである。「神様から人間への転向」は、天皇の新しい顔として国民に認識されていく。それは天皇の戦争への関与も不明のままに、次の時代に問題を残すこととなっていく。

戦争孤児は巡幸をどうみたのか

ある戦争孤児は「陛下は帽子を脱いで手を振られたが感ずるところはなかった」という。彼は学童疎開で尼崎《あまがさき》から祖父のいる地方へ縁故疎開している間に尼崎が空襲を受け、両親と弟を防空壕で亡くしている。冷めた目で全国巡幸をみた人たちもいたのである。

地上戦が繰り広げられた沖縄の住民へ、昭和天皇の「謝罪」の言葉はない。

また一九七一年九～一〇月の昭和天皇・皇后の欧州訪問中の国々では、戦争責任に対する抗議行動もあった。日本国内での巡幸への反応とは明らかに異なる態度であった。

その後の天皇の役割

日本国憲法の第一章第一条に天皇の地位は日本国民の総意に基づくと明確に決められている。それは戦前とは異なる、象徴としての天皇であった。

巡幸は天皇の姿を国民の前に見せ、神ではなく人間であることを多くの国民に納得させることに成功はしたが、同時に戦争の犠牲になった人々が、あの戦争に抱く疑問の答えと総括を永遠に問い続けるものともなった。（水野喜代志）

〔参考文献〕太田昌秀『検証 昭和の沖縄』（那覇出版社、一九九〇年）、中村政則『戦後史と象徴天皇』（岩波書店、一九九二年）

問 34

地方の子どもの状況や施設の子どもの権利保障はどのようなものでしたか

戦時下の孤児院や養護施設は、措置費（委託費）だけでは運営できなかったようである。ここでは、当時、戦時下にある地方の子どもたちの様子も紹介しながら、孤児院や養護施設の実情と権利保障について述べる。

戦前・戦時下・戦後の子どもたち

孤児院については、明治期に東京養老院・岡山孤児院などが設立されている。親や家族を失った子どもたちを保護・養育することが不可欠であった（『養護施設三十年』一一〜一六頁）。子どもを保護する施設は、公的な施設では一八六九年に大分日田《ひた》養育館《よういくかん》、七二年に東京養育院が設立されているが、多くは民間の篤志家《とくしか》や宗教団体が設立・運営しており代表的なものに八七年の岡山孤児院がある。

子どもに関連する施設では、一九〇〇年の感化法《かんかほう》で感化院（現在の児童自立支援施設）が規定されている。二九年には救護法が制定され、孤児院や養老院などが法律で規定された。救護法によって保護される子どもは、救護法以前の法律である一八七四年発布の恤救《じゅっきゅう》規則と変わらない、「一三歳以下の子ども」であった。このことから、当時の「子ども」は、現在よりも幼い子どもたちだったといえる。その後、一九三三年に感化法が廃止され、少年教護《きょうご》法が制定されている。少年教護法によって、感化院が少年教護院として改称されている。

一九四五年、日本は第二次世界大戦の敗戦国となったが、戦争により多くの人々が家族や友達、職場の同僚などを失った。戦後は、①戦災者、満洲《まんしゅう》・台湾などからの引揚者《ひきあげしゃ》など生活困窮者への生活援護、②戦災孤児・浮浪児、引揚孤児などの保護が喫緊《きっきん》の課題となる（『養護施設三十年』一四頁）。子どもへの対策では、疎開学童問題・乳幼児体位低下問題・戦災浮浪児問題・知的障害児問題・孤児問題・非行児問題などに取り組む必要があった。このうち当時、特に対応が必要であったのは戦災浮浪児・孤児・非行児であったといわれる（吉田久一『新・日本社会事業の歴史』二八四頁）。

地方の子どもたちへの戦争の影響

戦禍は地方の子どもたちにも影響した。ここで地方の子どもたちへの戦争の影響を紹介する。

例えば高知県葉山村《はやまむら》（現在の津野町《つのちょう》）では、戦争が熾烈《しれつ》になるにしたがって軍人・軍属《ぐんぞく》として、あるいは職場の産業戦士として応召・徴用されたため、一八～四〇歳ぐらいの男性はほとんど村にはいなかったようである。残った女性や子どもが食料増産に励んでいる。戦争で使用する石油がないため、①松・檜《ひのき》の根から油を取ったり、②山を開墾したり校庭を掘り返したりしてサツマイモを栽培し、アルコールを取っていた。

授業風景・畑仕事の様子（昭和10年，精華小学校，津野町教育委員会所蔵）

また、学校の校庭にいくつも防空壕を掘って空襲に備える必要があった。防空壕を掘る作業は教師と上級生で行った。品物は全部統制され切符で買うようになった。衣料品もなかった。野生している麻（ラミー）の皮を剝いでこれを供出すると子ども服の配給があったため、子どもはひまさえあれば麻集めに走りまわった。草履《ぞうり》も自分でつくったものを用い、登校には必ず防空頭巾をかぶって不時の空襲に備えたようである（『葉山村史』九六一～九六二頁）。戦争によって地方の子どもたちも厳しい現実に直面したことがわかり、子どもたち自身が生きるために何をすればよいかを考え、必死に生きていたことがうかがわれる。

地方の子どもたちの戦災と自然災害

戦災は地方の子どもたちであっても深刻な食糧不足を引き起こした。戦時下から主食・副菜・酒・煙草《たばこ》などの配給は戦後も続き、米や麦の代わりにサツマイモ・ジャガイモ・豆・きび・かぼちゃが配給されていた（『稿本 高知市史 現代編』九頁）。

食糧不足をもたらした戦災に加えて、一九四五年九月には台風一六号（枕崎《まくらざき》台風）により全国で死者二四七三名、行方不明者一二八三名、負傷者二四五二名の被害があった（気象庁ホームページ「枕崎台風」）。また一ヵ月後の一〇月には台風二〇号（阿久根《あくね》台風）により、全国で死者三七七名、行方不明者七四名、負傷者二〇二名の被害があった（気象庁ホームページ「阿久根台風」）。二つの台風は、ともに九州南部に上陸し、九州・四国・中国・近畿・北陸地方を中心に被害を出している。

また、南海地震が一九四六年一二月二一日午前四時一五分、マグニチュード八・〇の規模で起こり、四国・近畿・中国・九州・東海・東山地域に甚大な被害を与えている（気象庁ホームページ「南海地震」）。南海地震は、家屋の流失・焼失・倒壊が甚大であり、物質的・精神的に衝撃を与えた災害であった（『高知県史』五八九〜五九四頁）。

被害が大きかった高知市では、戦災と震災の被害により昭和二〇年前後は生活難・インフレ・闇市・住宅難の混乱状態であった。また窃盗《せっとう》や強盗も昭和二〇年と比べて翌年から急増している。まさに混乱状態であった（『稿本 高知市史 現代編』六〜二〇頁）。

台風や地震などの自然災害は、子どもたちに直接影響を与える。子どもたちにとって、戦争も自分で決められるものではないが、自然災害にも対応できることは限られている。戦災と自然災害にほぼ同時に襲われた地方の子どもたちがいることも知ってほしい。

孤児院・養護施設の状況

孤児院・養護施設に関連する動向では、一九四七年に少年教護法が廃止され、児童福祉法が制定されている。児童福祉法では児童福祉施設として助産施設などとともに、孤児院が養護施設（現在の児童養護施設）として規定されている。

当時の様子を記述している『養護施設三十年』によると、多くの養護施設で職員が子どもたちと寝食をともにしていたようである。当時の養護施設は、現在に比べると施設運営にあてる措置費（委託費）が少なく、民間の篤志家《とくしか》や寺院・教会などによる独自の運営資金に頼っていた施設が多かった。そのため、生存のための物資を確保することが難しく、職員が食料・衣服の確保に苦労していた。配給米は不足し、食事がお粥《かゆ》であった施設もある。職員が大工や土木の仕事や街頭の靴磨きを行っていた施設もあった。当時の孤児院や養護施設では、子どもたちとともに生きることで精一杯であった。

養護施設に入所する子どもたちはノミやシラミの駆除が必要だったり、着る物もなくパンツ一つで入所する子どももいた。施設に入所することに慣れていない子どもは無断外出もあったようで、それに気づいた養護施設の職員が探し回るのが日常であった。施設に入所した翌日にいなくなった子どもたちもいたようである。子どもたちからすれば一夜を過ごすためだけで、保護されているという認識はなかったともいえる。また皮膚病や栄養失調、目の炎症、耳の疾患などから治療が必要だった子どももいた（『養護施設三十年』一三三〜二

○八頁）。

当時の子育ては、感化法や救護法の規定にあるように家族が育てることが当然であり、家族がいないか、家族に捨てられた子どもが施設に保護されていた。そのため施設入所は、家庭の子育て問題として措置されるのではなく、駅前や繁華街で子どもたちに浮浪させないためであったと思われる。そして社会問題への対策として子どもたちが施設に収容・措置されていたと考えることができよう。戦後の混乱した社会状況下では、治安が優先されていたとみることができる。

現代社会における子どもたちの権利保障

児童福祉法は二〇一六年に基本理念が改正され、第一条には「全て児童は、児童の権利に関する条約の精神にのっとり、適切に養育されること、その生活を保障されること、愛され、保護されること、その心身の健やかな成長及び発達並びにその自立が図られることその他の福祉を等しく保障される権利を有する」と規定された。また、一九五一年の児童憲章には「われらは、日本国憲法の精神にしたがい、児童に対する正しい観念を確立し、すべての児童の幸福をはかるために、この憲章を定める。児童は、人として尊ばれる。児童は、社会の一員として重んぜられる。児童は、よい環境の中で育てられる」とされている。日本が一九九四年に批准した「児童の権利に関する条約」には、第三条で「児童に関するすべての措置をとるに当たっては、（中略）児童の最善の利益が主として考慮されるものとする」という規定がある。

これらをみると、すべての子どもには幸福を保障される権利があり、最善の利益を考慮されるべき存在であることは当たり前のこととして認識されるかもしれない。しかし、戦時下の子どもや戦後の戦争孤児などを調べていると、子どもたちの幸福を保障し最善の利益を考慮することが当たり前ではなかったことを知る。戦時下の子どもや戦争孤児について学ぶには、当時の社会状況や社会認識についても幅広く知ることが必要である。

（西内　章）

〔参考文献〕全社協養護施設協議会編『養護施設三十年』（全社協養護施設協議会、一九七六年）、吉田久一『新・日本社会事業の歴史』（勁草書房、二〇〇四年）

問

35 施設の具体的な取り組みはどのようなものでしたか

児童養護施設（当時の名称は孤児院・孤児収容所など）の再出発（八六施設）は、まさに「戦争の後始末」として巷《ちまた》にあふれる戦争孤児の応急的救済策の受け皿であることが求められた。GHQと日本政府の貧弱な応急対策のもと、敗戦直後の戦争孤児や浮浪児たちの惨状を見かねて、少なくない児童養護施設が必要なケア・実践・支援を行っていた。

敗戦後の社会と施設の実際

厚生省（当時）の統計によると、一九四七年四月〜四八年一月までの延べ数で一万二二二〇名の浮浪児が収容保護されたが、そのうち以前にどこかの施設に収容保護されたことのある者は同じく延べ数で四九四六名となっている。これは全体の四〇%に当たる数字であり（厚生省児童局監修『児童福祉』一八四頁）、逃亡防止のために収容児童を全員裸にしておいた施設もあった。

戦後の応急対策としての施設の状況は、浮浪児の治安対策としての面に比重があったのである。実際に、戦後直後は困窮者が最大まで広がっていた時期であるが、最優先の課題である孤児・浮浪児を含む困窮者保護更生に国家予算の二・三%（一九四八年度）しか配分されなかった（大谷進『上野《うえの》地下道の実態 生きてゐる』一三四頁）。

特徴的な施設の取り組み

多くの養護施設で管理主義が継続した現状のなかでも、敗戦直後の時代状況と格闘した歴史を持つ四つの養護施設を紹介する。

「仙台キリスト教育児院」（一九〇六年設立）の七代目院長の大坂鷹司《おおさかたかし》が、一二名の戦争孤児・浮浪児をはじめて受け入れた時にひとつの句を詠んでいる。

「『そよ風』は、いつしか暴風となり、台風と荒れ廻《まわ》り、そして風と共に去った」

彼らが逃亡しないでいてくれるだろうかという心配であった。いろいろと考えた末に、「彼らには彼らだけの部屋を一つ与えた。」すると、子どもたちの一人が「お

父さん（院長の呼び方）、部屋の名前はおいらにつけさせてください」と。大坂院長は笑顔で「うん、それは面白いね。じゃァひとつ考えてみるんだね」と許した。子どもたちは早速会議を開いた。そして話し合いで決まったのが「そよ風」という部屋名であった（佐藤利雄『陽なたの孤児』二一八〜二二〇頁）。

ここには戦前・戦中の管理体制下の施設運営ではなく、子どもの人格を尊重する養護実践の萌芽《ほうが》をみることができる。

神戸《こうべ》の「愛神愛隣舎《あいしんあいりんしゃ》」（一九四二年設立）は、朝鮮からキリスト教の布教に来ていた張徳出《ちょうとくしゅつ》牧師が信徒四人と立ち上げた。そのうちの一人が在日コリアン二世の鄭末岩《チョンマラム》である。在日朝鮮人のために始めた活動だったが、国籍に関係なく朝鮮人・日本人・中国人の子どもたちを受け入れた。非差別・平等の思想が実践のなかに息づいていることに戦後民主主義への転換を体現している。

東京都中野《なかの》区の「愛児《あいじ》の家《いえ》」（一九四八年設立）の創設者である石綿貞代《いしわたさだよ》は戦災孤児救護婦人同志会を結成し、一九四五年一一月から自宅を開放、私財を投げうって戦争孤児の救護活動にのりだした。地下道やその周辺で暮らす戦争孤児が大勢いた上野に行っては、「ボク、私のおうちに来ない？」と声をかけ連れてきた。戦後の一時期には一〇〇名を超える入居児童数となったが、家庭的な雰囲気を重視する姿勢を大事にしてきた。天皇を頂点にした家族国家主義から生活基盤のなかに家庭的な運営と実践を求めた挑戦であった。

「似島《にのしま》学園」は、一九四六年九月、広島湾にある似島に開設された保護収容施設である。教育者・森芳麿《もりよしまろ》が、広島市に原子爆弾が投下されたことで孤児となって街にたむろする子どもたちを引き取り設立した。園内には広島市立似島国民学校分教場を併設し、学園生活（福祉）と学校生活（教育）との一体化を目指した。しかし、緊急保護をしたという面とともに、逃亡の可能性のある孤児たちを島に隔離したという面も持っていることは否めない。

これらの施設の取り組みは共通して、子どもたちの現実から目を背けずに具体的な実践をつくる、民主主義による実践の息吹《いぶき》をみることができる。

（浅井春夫）

〔参考文献〕厚生省児童局監修『児童福祉』（東洋書館、一九四八年）、大谷進『上野地下道の実態 生きてゐる』（悠人社、一九四八年）、佐藤利雄『陽なたの孤児』（日本出版協同、一九五二年）、一〇〇年史編纂実行委員会編『仙台キリスト教育児院一〇〇年史』（同、二〇〇六年）、浅井春夫・艮香織・酒本知美編『戦争孤児関係資料集成第I期 愛児の家史料』（不二出版、二〇二〇年）

問36

戦争で亡くなった障害児について教えてください

アメリカによる対日空襲が、障害児・者や障害児学校を「対象外」とすることはなかった。都市部を中心に多くの盲学校・ろう学校などが空襲によって校舎を奪われ、在籍していた児童・生徒や教職員が傷つけられた。

他方、戦場での爆弾や銃弾による悲劇だけでなく、空襲や飢えなどが人々の命を奪い、多くの障害者を生むことになった。

障害児学校の空襲による被害

盲学校（盲唖《もうあ》学校）の場合、奈良・福島・神戸《こうべ》・愛知・沖縄・同愛《どうあい》・横浜・大阪市・豊橋《とよはし》・山口・香川・徳島・高知・岐阜・和歌山・大分・佐賀・八王子《はちおうじ》・広島・長崎が全焼もしくはそれに近い損壊を被った。全体としては、太平洋側に被災が多い。ろう学校もそれに類似し、東京・光明《こうめい》学校の校舎も焼け落ちた。

生徒や教職員の尊い生命が失われたケースについて、清水寛『太平洋戦争下の全国の障害児学校被害と翼賛』で知ることができる。同書の「太平洋戦争下の障害児学校の空襲被害一覧」から一九四五年の人的被害に絞ってデータを抽出し、若干の補足をする（表参照）。

空襲は誰にとっても恐ろしいできごとだが、障害の特性に応じた苦難がある。目が見えないと、どちらへ逃げれば安全かがわかりにくい。耳が聞こえないと、銃撃や爆音に気づきにくい。松葉《まつば》づえや車イスの利用者は、散乱した瓦礫《がれき》に逃げ道を妨《さまた》げられる。知的な障害の場合、非日常の混乱への対し方に困るだろう。これらは、大きな地震などの際にも当てはまる。いざというとき、このことに気づいて、支えあえる地域の理解やネットワークがあるかどうかが問われる。

避難行動にも困難を生じがちな障害児だが、教職員の機敏な対応や生徒同士の協力によって人的な被害をくいとめた例もあった。しかし、多くのかけがえのない命が奪われてしまった。

岐阜盲学校については、学校史や戦災体験者の座談会によ

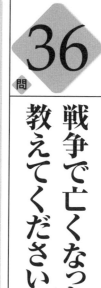

って空襲の模様が詳しく報告されている。爆撃で命を奪われたのは戦場での失明がきっかけで同校で学ぶようになっていた松永春吉さん。「盲学校の生徒らしい一人が死んでおるから検視に来てくれとの報がきた。（中略）着用の帽子の氏名で松永であると断定された。背中に直撃を受けたのであ」った。「松永氏は、伏せろ、伏せろ、としきりに叫ばれた（中略）思えば二メートルとへだたぬ地点に居られた松永氏が犠牲になられたのだ」という証言もある。

ヒロシマ・ナガサキに投下された原子爆弾も、障害児に容《よう》赦《しゃ》なく襲いかかった。広島県立聾《ろう》学校は、爆心地から二・七kmに位置し、一六人が犠牲となった。長崎では、県立盲学校の多比良義雄校長と生徒四名が亡くなった。校長は、八月九日の朝県庁で公務を済ませて県立聾唖《ろうあ》学校の分教場に赴《おもむ》く途中、電車のなかで被爆し、一八日に息を引き取った。

沖縄における地上戦が県立盲聾唖学校と卒業生・在校生にもたらした災禍も甚大であった。海軍技療手として従軍した弱視者にも南方で戦死した人がいた。

なお、福井県立盲学校の『創立百周年記念誌』に、「七月一九日　福井市大空襲において本校は火災を免れた」ものの、「この空襲で教諭一名及び在校生一名が焼死」とある。群馬でも休校中の盲唖学校生が一名空襲で死亡したという記録がある。

伊豆《いず》大島から山梨県清里《きよさと》に疎開した藤倉学園では、飢えと寒さのために知的障害のある園児一〇名の尊い命が失われた。

戦時下の報道において被害は軽微と扱われがちで、戦後の調

1945年の障害児学校の空襲被害

月　日	学　校	被　害
2.11	沖縄県立盲聾唖学校	死傷者多数
3.10	平市立盲学校	教員2人爆死
4.4（一部6.19）	静岡県立静岡盲唖学校	通学生徒1人，焼死
5.25	官立東京聾学校	児童・生徒2人死亡
6.17	鹿児島県立鹿児島盲唖学校	児童1人死亡
7.6	山梨県立盲唖学校	通学生徒1人，焼死
7.9	岐阜県立岐阜盲学校	失明傷痍軍人生徒1人，避難先で爆死
7.9	和歌山県立盲唖学校	寄宿舎で舎生2人，焼死
7.16~17	大分県立盲唖学校	家庭の防空壕直撃で生徒1人死亡
7.19	福井県立盲学校	教諭1人，在校生1人が焼死
8.6	広島県立聾学校	犠牲者16人
8.9	長崎県立盲学校	多比良義雄校長，市内で被爆し19日に死亡．市内で自宅待機生徒4人爆死
8.9	長崎県立聾唖学校	「分校」教員2人，予科生十数人，爆死

清水寛『太平洋戦争下の全国障害児学校被害と翼賛』より作成．

査も不完全であるため、ほかにも盲・ろう関係の痛ましい死傷があった可能性が残る。

京都ライトハウスの職員が編纂《へんさん》した『視覚障害者と戦争』は貴重である。舞鶴《まいづる》空襲で被弾して失明した人の証言、海軍技療手として訓練を受けた日々などが詳しく記録されている。

戦後、東京・大阪・静岡・富山など多くの都市で、空襲の事実と体験を掘り起こす活動が繰り広げられ、都市ごとに空襲の記録が刊行されてきた。記憶の呼び覚ましと共有を通じて平和運動を耕す意義があったが、ほとんどの場合、その空襲下での障害者の姿は描かれていない。障害者を戦争体験掘り起こしや平和運動をともに担う存在として明確に位置づけた数少ない例として、大牟田《おおむた》空襲を記録する活動があげられる。『大牟田空襲の記録第六集』では、市内に住む鍼灸師《しんきゅうし》や戦場で失明した元兵士など一〇名を超える視覚障害者の体験を文字化し、しかもその記録全文の点字版を作成して次世代へもリレーしている。

戦争が生んだ障害児

敗戦から間もない時期、幼い子どもたちが野原や川でみつけた「きらきら光る」砲弾で遊んでいるうちに突如爆発し、失命したり身体に障害を負ったりする事故が発生した。

一九三八年福岡市生まれの藤野高明さんは、一九四六年七月、小学二年の時に不発弾の爆発により両眼両手首を失った。弟は即死だった。一九五九年四月に大阪市立盲学校中等部二年に編入されるまで、学校に通う権利も奪われた。その後、同校の社会科教員として障害児教育・平和教育に尽力した。その経緯は、著書『あの夏の朝から』(点字民報社、一九七九年)やテレビ番組「文字の獲得は光の獲得でした～両目と両手を失って」(NHK、二〇二一年)で広く知られている。

淡路島《あわじしま》でも、北川忠司さんが残存兵器の爆発によって、全盲となり、三本の指も失った。鍼灸《しんきゅう》マッサージ師として生き抜いたが、障害者ゆえの苦難も経験した。「あの戦争がなかったら。もし障害者になっていなかったら」と語っている。

戦争は障害者の生命を傷つけるとともに、最も大量に障害者をつくりだす。

(岸　博実)

〔参考文献〕清水寛『太平洋戦争下の全国の障害児学校被害と翼賛』(新日本出版社、二〇一八年)、平田勝政『長崎・あの日を忘れない—原爆を体験した目や耳の不自由な人たちの証言—』(長崎文献社、二〇一九年)、林雅行『障害者たちの太平洋戦争　狩りたてる・切りすてる・つくりだす』(風媒社、二〇二二年)

問37 戦争孤児にはどのような分類がありますか

戦争が原因で孤児となった子どもたちを戦争孤児と呼ぶが、便宜《べんぎ》上、戦災孤児・原爆孤児・引揚《ひきあげ》孤児・残留孤児・沖縄の戦場孤児・混血（国際）孤児の六つに分類する考えがある。しかし、近年の研究により、戦争孤児の実態が明らかになりつつあり、分類の難しさもみえてきた。

語り始めた戦争孤児

近年、戦争孤児だった方々が自ら名乗り出ることもあり、研究が進んでいる。書籍や新聞、テレビなどで戦争孤児について取り上げられることも多くなった。

戦争孤児の方々が戦後八〇年近くも沈黙してきたのは、親がいないということで受けた、いわれなき差別に苦しんでいたからである。自分が戦争孤児であることを、周りに隠していただけではなく、家族にも黙っていた人もいた。

学童集団疎開と戦争孤児

日本の戦争孤児問題の背景には、国策として進められた学童集団疎開がある。東条英機《とうじょうひでき》内閣は、一九四四年六月三〇日に「学童疎開促進要綱」を閣議決定した。日本の主要都市の約四〇万人以上の国民学校初等科三年以上の学童が、全国各地に集団疎開したのである。

学童疎開の目的は、将来の兵士や銃後《じゅうご》の母となる子どもたちを確保し、戦争を遂行することだった。空腹や親と別れた寂しさで、疎開先で泣いた子どもたちもいた。戦争が終わり、郷里《きょうり》に戻った子どもたちを待っていたのは、焼け野原になった故郷の姿だった。空襲や原爆で両親を失った子どもたちは、孤児となった。

戦争孤児の実態

戦争孤児の分類は、表のとおりである。こうした定義や数字は意味のあることだが、「戦争で親をなくした孤児」が「戦争孤児」だとしてしまうと、敗戦後の食糧難や疾病《しっぺい》による親の死はどう考えたらいいのかという問題が生じてくる。

敗戦直後の公的な分類では「身寄りのない子ども」が孤児であり、両親が死んでも親戚や祖父母に引きとられる場合は孤

戦争孤児の分類

戦災孤児	米軍機による空襲や戦後の貧困・病気などで身寄りをなくした孤児
原爆孤児	戦争末期の広島・長崎への原子爆弾で身寄りをなくした孤児
引揚孤児	戦後、旧満洲や南洋諸島、東南アジアなどから単身で戻って来た孤児
残留孤児	旧満洲などで取り残されたりして、現地の人に育てられた孤児
沖縄の戦場孤児	沖縄戦の戦闘のなかで身寄りをなくした孤児
混血(国際)孤児	日本を占領したアメリカ軍兵士と日本女性との間に生まれた孤児

児とはみなされていなかった。戦後の混乱のなかで親が亡くなるというのは、やはり広い意味での「戦争孤児」ではないかと捉えているが、親が生きていても棄《す》てられるケース、出生届が出されていないケースなどがたくさんあることがわかってきた。また、親元から家出するケースもある。

ある孤児院では、そうした子どもたちを「生活困窮児」として統計に入れている。また、家出児が自らを「戦災孤児」と称し、収容されることが多かったと記されている。近江《おうみ》学園（滋賀県）のある職員は次のように述べている。

入園当初、如何《いか》なる子供も戦災孤児と自称し、自己を悲劇的存在の主人公において私達の同情を買った。私達もそれを事実と思い込んでいた。しかし、現在（一九五三年三月）、在園している十四名、保護者引取り四名、就職五名の内、不明の二名と母が従軍看護婦で行方不明の一名を除き、完全な孤児（身寄りがない子ども）は無いのである。唯一名孤児で隣人に引き取られ、居づらくなって出た子供はいる（近江学園『年報』五号、一九五三年）。

Y・N（一五歳・男）は「大津《おおつ》市清水町出身であり、母は幼時死亡、父・祖母爆死」「雑貨商に丁稚奉公《でっちぼうこう》、その後脱走」と語っていたが、実際には「母は五歳の時死亡、父は応召大陸に渡る。本人は母の実家に引取らる。父帰国後後妻《ごさい》をめとり京都に在住、本人京都に引取らる。継母《けいぼ》との折合い悪く家出し、母の実家祖父母の家である滋賀県高島郡《たかしまぐん》高島町大《おお》字畑《あざはた》に帰らんとして、途中空腹のため大津市帝国館《ていこくかん》（映画館）前にて倒れた」ことがわかり、高島町の祖父に連絡がつき引き取られていった。

家に連れ戻されないために

大阪府堺《さかい》市にあった東光《とうこう》学園の指導員伊藤昭《いとうあきら》は次のように書いている（傍線は筆者）。

戦災孤児というふれ込みで入所した子供達だが、家出の子供も大分まじっていた。家出児といえば直ちに家に連れ戻されるので、彼らは孤児だと言い切っていた。家庭の不和や食糧難などが耐えられなかったのかも知れない。戦後は一般の手には仲々入りぬものでも、闇市（闇相場の商品を売る店が集まっている所）では、金さえ出せば何でも手に入った。特に食物は子供達の魅力をそそった。あんころ・蒸しパン・乾燥芋・かまぼこ・ようかん・エンドウ豆や果物、何でも売っていた。だから、この闇市付近を根城にしている浮浪児が多く、数人のグループを組みボスが取り仕切っていた。ボスは大抵の場合大人の浮浪者だった。ボスは仲間を街はずれに集め会議を開いた。これを青空会議といっていた。この会議でボスは、スリの仕方を教え食糧を盗む要領と、今日は何処《どこ》の店が適当か等を相談した。

子供達は、家出児をかくし、それを忘れる手立てとしても、このようなグループを隠れみのとした。お互いがかばい合い孤児だといって他人の同情をかい、ボスからは本当の名前をいうと家へ帰されるぞと、おどされて偽名をつけてもらったりしていた。子さがし、親さがし運動が盛んになっても、直ぐにわからぬことがあったが、こんなことが原因していた。名前は違うがうちの子らしいという問い合わせも大分あった。また子供の方も、世の中の落ち着きとともに自己反省し、実は私は家出してきましたと名乗りでてくるようになった。

その頃から、施設も世の中も、急激に安定に向かっていった。（伊藤昭『東光学園創立六〇周年記念誌』一九七六年）

「戦災孤児」は隠れみのになっていたことがわかる。

（本庄　豊）

〔参考文献〕本庄豊『戦争孤児「駅の子」たちの思い』（新日本出版社、二〇一六年）、本庄豊編『シリーズ戦争孤児① 戦災孤児―駅の子たちの戦後史―』（汐文社、二〇一四年）

問 38

「戦争遺児」はどのように利用されてきましたか

一九五〇年代には、父や兄が戦死した戦争遺児の靖国《やすくに》神社参拝が全国的に行われた。その時代は朝鮮戦争があり、アメリカ軍による再軍備化や自衛隊の創設が進められた時代だった。遺児参拝は、戦死した父を英霊・尊い存在として心に留めさせ、太平洋戦争の時代を肯定・意義あるものとして捉えさせることを狙ったものであった。

戦後の靖国神社遺児参拝

以下、大阪府の例を紹介しよう。一九五二年に日本の独立を決めたサンフランシスコ講和条約が発効し、その記念事業の一つとして遺児参拝は始まり、こののち五九年まで続いた。

一九五七年まで年二回の参拝が行われたが、筆者も参加した五八年の遺児参拝から年一回に変わり、その年は九七五人が参加した。筆者の場合、父の戦死が一九四五年、靖国神社合《ごう》祀《し》が五七年で、翌年の遺児参拝は中学三年生の時だった。

旅費・宿泊費の負担は、「全額府において負担」となっていた。また一九五三年から戦死者遺族の靖国参拝のために国鉄（現在のＪＲ）乗車券の五割引の制度が始まった。参拝は大阪府が大阪府遺族連盟（のちの大阪府遺族会）に委託した事業だったが、大阪府民生部世話課が実務を担当した。また参拝する遺児は「靖国神社合祀がすんだ遺児に限る」となっていた。参拝期間中の学校は出席扱いだった。

靖国遺児参拝は全国的にも行われた。当時の遺児参拝の記録は「靖国文集」として残っている。文集は『靖国の父を訪ねて』という同一のタイトルで、全国的に同一歩調で行われたことがわかる。遺児参拝は一九五二年に始まり、六〇年ころには一巡して終わったと思われる。

一九五〇年代は、ひとつ間違えば日本は他国との戦争へと向かうかもしれない戦争の危機の時代だった。そうなっていれば、戦争遺児たちは再び銃を持たされ、戦争へ動員されていたかもしれない。参拝の時、戦争遺児たちは「この靖国神社は、お国のために亡くなられたあなた方のお父さんやお兄さんの英霊がお祀《まつ》りしてあります。この国がある限り、あな

た方のお父さんの名は後々まで残るでありましょう」と宮司《ぐうじ》に聞かされた。父のいない悲しさと寂しさをずっと抱えこんできた子どもたちは、戦死した父の死の意味付けを与えられた。以下の引用は当時の大阪府の『靖国の父を訪ねて』（一九五五年）の中学三年生の作文である。

「大きな鏡の前に私たち一同は座った。この鏡の中にお父さんがいる。私はじっと鏡をみつめていた。「お父さん」と、小さくよんだ。目頭があつくなってきた。あつい涙がほほをつたった。鏡がくもって見えなくなった。」

遺児参拝時の靖国神社での集合写真（筆者は最後列右端，1958年）

「僕は誰にともなくむやみに腹が立った。畜生《ちくしょう》、誰が父を殺したんだ。世界中でただ一人しかない立派な父を誰が海底に沈めたんだ。（中略）あたりに誰がいようがいまいが、おかまいなしにくやし涙がとめどもなく頬《ほお》を伝った。（中略）鳥居の所まで出た僕は、わすれ物に気がついて二、三歩引き返し、しゃがんで下の玉砂利《たまじゃり》をひとにぎりポケットに入れた。」

戦前の遺児参拝

戦前の遺児参拝は、軍人援護会が一九三九年から四三年まで毎年一回、全国の都道府県・海外植民地（台湾・朝鮮など）の戦争遺児の靖国参拝を実施し、総計一万八〇〇〇人が集められた。参加は小学校五・六年生だった。軍人援護会は軍人援護の組織で、戦没者の遺族、負傷した軍人とその家族などに対する物心両面の援護を行った。一九四三年の第五回参拝には、全国各地から四八五九名の遺児が参加した。一九四四年からは戦局の悪化と米軍の空襲の激化で参拝事業は中止され、各都道府県の護国《ごこく》神社参拝に変わった。

戦前の遺児参拝は、米軍の占領期を除いて敗戦を乗り越え戦後に引き継がれていった。

（松岡　勲）

〔参考文献〕一ノ瀬俊也『故郷はなぜ兵士を殺したか』（角川書店、二〇一〇年）、松岡勲『靖国を問う―靖国集団参拝と強制合祀―』（航思社、二〇一九年）、斉藤利彦『「誉れの子」と戦争―愛国プロパガンダと子どもたち―』（中央公論新社、二〇一九年）

39 問

戦争孤児の「狩込」とはどのようなものでしたか

日本の敗戦で戦争孤児が街にあふれた。彼ら彼女らは「浮浪児」と呼ばれ、警察による取締りの対象とされた。「浮浪児」のなかには、食料を得るために犯罪に手を染めたりする者もいた。戦争孤児を収容するための孤児院の整備は自治体や宗教関係者の手で進められたが、多くの施設では最低限の寝食は保障されるものの自由を奪われる孤児院生活を嫌う子どもも多かった。警察は定期的に戦争孤児たちを駅や闇市などで捕まえ、孤児院に強制収容した。これを警察は「保護」と呼び、孤児たちは「狩込《かりこみ》」と呼んだのである。

増え続ける餓死者

敗戦から二ヵ月後の一九四五年一〇月の上野《うえの》駅地下道での餓死者は一日平均二・五人、一一月になると多い日で六人を数えるようになった。当時の新聞には、一一月一八日の東京の上野・愛宕《あたご》・四谷《よつや》の三警察署管内の餓死者は一五〇人とされ、横浜・名古屋・京都・大阪・神戸《こうべ》などの五大都市での餓死者は、一一月中旬までに七五〇人と発表されている。

孤児たちの餓死者数は不明だが、多くの子どもたちが亡くなっていることは間違いないだろう。狩込はこうしたなかで行われた。

逃げた孤児たち

狩込用のトラックが到着すると、真先に逃げ出したのは一〇歳以上の年長者たちだった。捕まるのは、体の弱った孤児や年少の孤児たちである。冬になり寒くなると布団と温かい食事を求めて、年長者たちもわざと捕まるようになる。暖かくなると孤児院から逃げた。孤児院から逃げ出すことを「トンコ」と孤児たちはいった。逃げたり捕まったりのイタチごっこだった。

当時の狩込の写真などをみると、捕まるのは圧倒的に男児が多かった。孤児生活は男児に比べて女児は危険がより多い。そのため、親戚の家から逃げ出す女児は少なかったのだろう。

積慶園《せっけいえん》・古村正樹園長の証言

戦争孤児たちから「乞食坊主《こじきぼうず》」と呼ばれた人がいた。敗戦

の翌月に開設された戦争孤児施設・積慶園（京都市）の古村正樹園長である。古村はこんな証言を残している。

（京都）駅から、いや応なしに二五、六人の浮浪児を運んできた。しかし収容すると、朝はもうおらぬ。（敗戦翌月の）九月はそうして終わったが、一〇月になってこう考えた。まず駅の浮浪児の中でも、比較的大きなものを探し出す。それをオトリとして、誰でもすきなものをいっしょにつれて来いといってつれて来させる。そして、小さいものも一二、三人は落ちつくものも出来た。（中略）当時、子どもはシラミをとるのが一仕事で、一合《ごう》くらいのシラミは平気というわけです。しかし、ＤＤＴのおかげでシラミは、後を絶ってしまった。（中略）せっかく骨を折って収容しても、元気なやつはみな逃げてしまう。なにぶん一晩駅へかせぎに出れば、まっ白なニギリ飯とか何とかが、風呂敷《ふろしき》一ぱい手に入るのだから、その味が忘れられぬのも無理はない。結局、体の弱い連中だけが残ったわけで、逃げようにも逃げられない……とそんなものでした（『華洛　積慶園五十周年記念誌』一九九五年）。

積慶園での食事風景

（本庄　豊）

〔参考文献〕本庄豊編『シリーズ戦争孤児①　戦災孤児―駅の子たちの戦後史』（汐文社、二〇一四年）

40問 引揚孤児と残留孤児について教えてください

敗戦により日本はすべての植民地や支配地を失った。それらの地域には大勢の日本人が農業や商業、あるいは軍事を目的として住んでいたため、戦後六〇〇万人以上の人々が海外から日本に戻ることになった。これが「引揚《ひきあげ》」である。博多《はかた》港や舞鶴《まいづる》港は代表的な引揚港である。親を亡くして子どもだけで帰国するケースもあった。こうした子どもたちを引揚孤児、また日本に戻れず現地の人に育てられた子どもたちを残留孤児という。なお、ロシア（当時はソ連）からの引揚は、シベリアなどで捕虜《ほりょ》になった日本兵の帰国を意味する。

満洲《まんしゅう》や朝鮮からの引揚孤児

日本は満洲事変の翌年、一九三二年に「満洲国」を「建国」する。満洲国は事実上の日本の植民地だった。一九四五年の敗戦まで、現地の人々の土地を奪い、その土地に日本から貧しい農民たちが「大地主になることを夢見て」入植した。その数は約二七万人だった。

敗戦と前後して、満洲にいた関東軍の幹部たちは一番先に帰国してしまった。北から攻めてきたソ連軍の捕虜になった日本兵は、酷寒のシベリア方面の強制収容所に送られ、森林開発や鉄道建設などの強制労働に従事させられた。

軍の後ろ盾を失った日本の入植者は、ソ連軍の攻撃の矢《や》

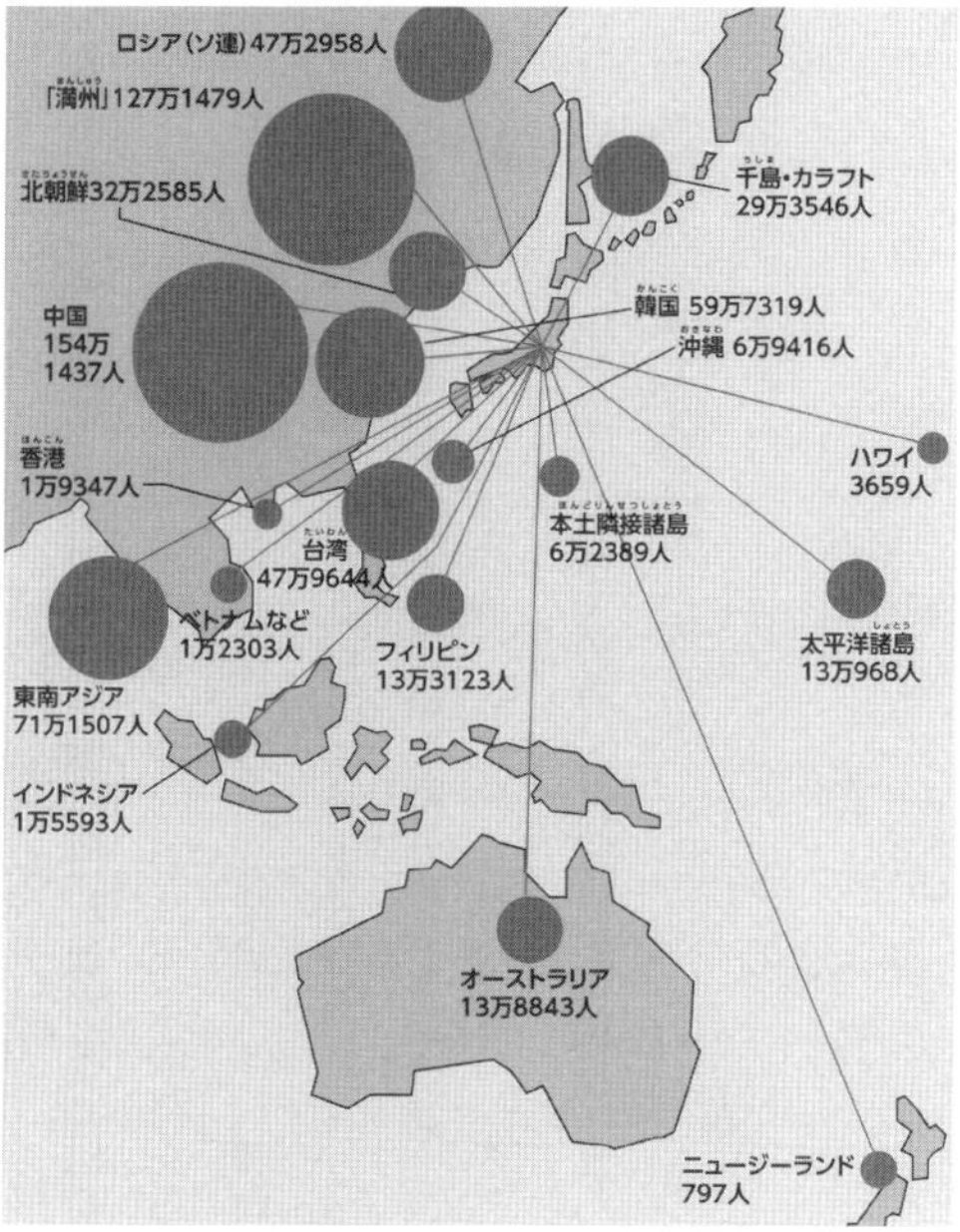

海外からの引揚数（本庄豊編『シリーズ戦争孤児④ 引揚孤児と残留孤児』）

面《おもて》に立たされた。家も財産もすべて捨て、命からがら各地の収容所に集まり、徒歩で逃げた。朝鮮半島でも同様だった。両親を亡くし、マイナス二〇～三〇度の収容所で冬を過ごし、ようやくたどり着いたコロ島（遼寧省錦州《りようねいしようきんしゆう》葫芦島《ころとう》市）で日本への引揚船を待った。親の遺骨を胸に抱き、ようやく日本の土を踏んだ子どもたちを「引揚孤児」という。

中国残留日本人孤児

戦火のなかの逃避行で、やむなく子どもを中国人に預け親だけが帰国することがあった。親が亡くなり、残された子どもが中国に残るケースもあった。こうして中国に残された子どもたちを「残留孤児」（中国残留日本人孤児）という。戦後成立した中華人民共和国と国交のなかった日本は、一九五八年に中国からの集団帰国を停止した。七二年の日中国交正常化、七八年の日中平和友好条約締結などを経て、すでにおとなになっていた中国残留日本人孤児たちが、肉親を捜すために来日するようになった。

満蒙開拓青少年義勇軍

移民の半分が子どもだった満洲国

南洋諸島や東南アジアなど、日本が占領していた地域には日本人が移民していた。満洲国が深刻だったのは、移民の半分が子どもたちだったことである。中国との戦争が激しくなると、満蒙《まんもう》開拓青少年義勇軍という名前で一六～一九歳までの青少年の募集が学校を通じて行われた。義勇軍の募集は一九三八年に始まり、敗戦まで八万六〇〇〇人が満洲に渡りました。現地満洲でも子どもを産むことが奨励されたため、満洲移民の半分が一九歳以下の子どもとなった。これが引揚孤児や残留孤児を生み出す要因の一つとなった。

（本庄　豊）

満洲国で生まれた赤ちゃん

〔参考文献〕本庄豊編『シリーズ戦争孤児④引揚孤児と残留孤児』（汐文社、二〇一五年）

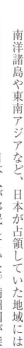

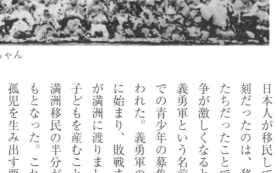

41 問

広島と長崎の原爆孤児について教えてください

米国が広島と長崎に投下した原爆は、一瞬にしてあまたの命を奪い、街を破壊し尽くした。それだけではない。かろうじて一命をとりとめた人たちの心身をむしばみ、肉親たちの人生にも大きな影響を及ぼした。とりわけ「原爆孤児」と呼ばれた子どもたちは、苦難の人生を歩むことを強いられたが、その総数など実態はいまだにつかみきれていない。

「原爆孤児」とは

「原爆孤児」という言葉に明確な定義はない。一般的に孤児とは、親を失い、身寄りのない未成年者のことを指すが、『広島・長崎の原爆災害』（岩波書店、一九七九年）は「広島・長崎の原爆被災の場合は、片親の欠損した子どもが大量かつ一挙に生じ、しかも残った片方の親も、被爆による障害のために扶養《ふよう》能力が著しく阻害され、困窮におちいった場合がきわめて多かった」と指摘している。

さらに「父親が応召中に母親が被爆死した例、また祖父母とともにとり残されたり、親類や知人に引き取られたものの十分な扶養が得られないなど、孤児・浮浪児同然の子どもが数多く出た」として、これらを含めて「原爆孤児」と呼ばれるようになったと説明する。

一九四七年八月一日付の『中国新聞』には、「内務省の調査によると原爆孤児は二千人を下らぬといわれ」との記述がある。しかし実際には、広島だけで四〇〇〇～五〇〇〇人とも、六五〇〇人ともいわれており、長崎も含め正確な数は不明である。

公的な孤児調査としては、敗戦から三年たった一九四八年に当時の厚生省が公表した「全国孤児一斉調査」がある。それによれば、東京の五八三〇人に対し、広島は五九七五人、長崎は二三一三人という数字がみえるが、そのうちの何人が「原爆孤児」にあてはまるかは不明である。そもそもこの調査は戦後一定の期間が過ぎてからのものであり、それまでに飢えや病気で亡くなった子どももいたであろう。

また、親族をたらい回しにされていても形式上扶養者がい

て「孤児」として扱われていなかった子どもや、親がいても生活が苦しく路上生活をしていた子どももいた。生きる糧《かて》を求めて国内を転々としたり海外に渡ったりした例もある。

被爆の惨禍と敗戦後の混乱のなか、原爆孤児の実数把握は困難であったと考えられる。加えていえば、原爆犠牲者の総数でさえ、いまだつかめず、推計でしかない。それこそが原爆の非人道性であることを忘れてはならない。

孤児たちの実情

原爆孤児と聞いて、真っ先に思い浮かべるのは何だろう。中沢啓治《なかざわけいじ》(一九三九〜二〇一二年)による漫画『はだしのゲン』や、長田新《おさだあらた》(一八八七〜一九六一年)が編んだ子どもたちの手記集『原爆の子』などで、実情にふれた人も多いのではなかろうか。

親を奪われた子どもたちは、被爆と敗戦で荒廃した世の中で生き抜かねばならなかった。住む場所もなく、お腹もすく。生きるために犯罪に手を染め、命を落とす子どももいた。

「原爆孤児」と呼ばれた子どもたちには、自分自身が被爆している者も少なくなかった。誰しも職に就くことが難しい焦土《しょうど》の広島で、被爆した孤児が生きていくのは至難の業《わざ》であったことは容易に想像できる。親がいないことへの世間の偏見に加え、放射線による後障害なども抱えていたためである。

戦後の飢えを何とか切り抜けたとしても、身元保証に欠く彼らは、就職の時には著しく不利な条件下に置かれた。広島大学社会学教室が一九五一〜五三年、五八〜六〇年にかけて行った継続調査では、原爆孤児の大半が「広島市・広島県以外の土地に逃避」しており、約三五%が東京・大阪・北海道に集中していた。調査を担った広島大学教授(当時)の中野《なかの》清一《せいいち》(一九〇五〜九三年)は、居所を変える頻度も定着期間の短さも「異様である」と、著書に記している。また結核《けっかく》の罹患《りかん》率も「特に男子の場合ははなはだ高い」とし、調査結果に彼らの生活史の苛烈《かれつ》さをみている。

ただ原爆孤児の多くはこうした体験について、戦後長きにわたって口を閉ざしてきた。孤児だったある被爆者は、「被爆よりもその後の人生の方が悲惨だった」からだと、のちに中国新聞の取材に明かしている。また原爆孤児は戦後、メディアなどで「無垢《むく》な被害者」あるいは「けなげに生きる戦後復興の象徴」として表象されることも多かった。そのために、不可視化された個々の苦労や痛みもあったに違いない。埋もれた記憶を掘り起こす余地がまだまだある。

孤児が生まれた背景

原爆孤児が生まれた背景には「学童疎開」がある。一九四四年、政府は「学童疎開促進要綱」を決定し、本土空襲に備えて大都市の国民学校三年生以上の児童に疎開を奨励した。とりわけ広島市では、大規模な疎開が行われた。『新修広島市史』によると、集団疎開・縁故疎開を合わせた児童の数は、二万三五〇〇人にものぼる。

広島市中心部から郊外の寺などに疎開していた児童は直爆は免れたものの、多くの子どもたちが市内に残っていた親を失うことになった。またかろうじて被爆後に生き延びた親たちも、その後間もなく被爆が原因で亡くなり、子どものみが残されたケースも少なくなかった。

広島での孤児救援

広島ではまず、原爆が投下された二日後に比治山《ひじやま》国民学校(現在の広島市南区)に「迷子収容所」が設けられた。その年の一二月には山下義信《やましたぎしん》夫妻が広島市郊外の佐伯《さえき》郡五日市町《いつかいちちょう》(現在の広島市佐伯区)に「広島戦災児育成所」を開設、私財を投じて孤児の世話を始めた。「迷子収容所」の子どもたちは一九四六年、ここに移った。また四六年九月には、広島市の小島・似島《にのしま》に「広島県戦災児教育所似島学園」ができるなど、少しずつ孤児の受け入れ体制ができた。被爆前から活動していた市内の修道院や保護施設も順次復興し、孤児たちを受け入れ育成に当たった。

ただ、すべての孤児が施設に入れたわけではない。大半の孤児は、親戚などの家で個人の善意に頼って生きるしかなかった。年長のきょうだいが、幼い弟や妹を支えたり孤児同士で助け合ったりして、生き延びたケースもある。

精神養子運動

広島の原爆孤児支援を語る時に欠かせないのが、米国ニューヨークの文芸評論誌『土曜文学評論』の主筆《しゅひつ》ノーマン・カズンズ(一九一五〜九〇年)が提唱した「精神養子運動」である。

一九四九年八月、カズンズは初めて広島を訪れ、被爆の惨状を視察。なかでも「広島戦災児育成所」で孤児たちの姿に心を痛めた。帰国後に、ルポ「四年後のヒロシマ」を発表。米国市民が、孤児たちの精神的な親となって、生活や学業を支える「精神養子運動」を提唱した。原爆を投下した国の市民に、人間としての道徳的責任を説いたその呼びかけは、大きな反響を呼んだ。多くの米国市民が「精神親」の名乗りをあげ、五〇年に「戦災児育成所」の七一人が精神養子縁組されたのに続き、この年だけで二〇〇組余の養子縁組が成立した。

「精神親」は毎月孤児への送金を続け、手紙をやりとりするなどして親交を深めた。運動は盛り上がり、ピーク時の一

孤児を抱き上げるノーマン・カズンズ
(中国新聞社提供)

九五三年末の精神養子は四〇九人を数えたという。カズンズはたびたび広島を訪れて子どもたちと交流した。

こうした運動は、被爆一、二年後からすでに国内でも小規模に始められていたとの証言はあるが、カズンズの取り組みに刺激され運動が広がった。

前述の長田新が「日本人の手で精神養子を」と呼びかけ、それに応じた学生たちの手で一九五三年、広島に「広島子どもを守る会」が発足、国内版の精神養子運動が始まった。会長に広島大学教授の森滝市郎《もりたきいちろう》（一九〇一〜九四年）、副会長には作家の山口勇子《やまぐちゆうこ》（一九一六〜二〇〇〇年）らが就いた。計八五組の精神養子縁組を結び、全員が満一八歳を超える六四年に活動を終えた。精神養子運動の国内での展開が主な活動だったが、子どもたちの就職に必要な身元保証や、進学のための奨学資金の用意などにも努めた。

また「守る会」は一九五五年、成人した原爆孤児に呼びかけ、前出の中野教授を中心に「あゆみグループ」を発足。孤児たちの生活史の記録を集め、家族のように交流を深めた。

長崎の原爆孤児と救援

一九四四年の政府の決定を受けて、長崎でも人員疎開や建物疎開が始まったものの、学童の地方疎開は「勧奨《かんしょう》だけで、強制まではされていなかった」という。『長崎原爆戦災誌』には、「困難な問題が多く、特に集団疎開に財政的な負担も伴うことから、県でも容易に踏み切ることができず、いつか見送られているうちに遂に原爆の日を迎えた」との記述がある。しかし、自発的に子どもを田舎《いなか》に疎開させた家族も少なくなかったため、子どもだけが生き残ったケースは相当数あったとみられるという。

ただ、公式な記録は少ない。同戦災誌も「八月九日空襲災害概要報告」に「戦災孤児に付きましては当初市に於てその世話を致して居りましたが、親戚縁者が引き取った者以外、適当な社会事業団体に引取られております」と記されているのみだと説明している。

また当時の長崎市厚生課長の談話として、原爆投下当日から「原爆孤児、幼児であるが連れてこられ」「市役所にはおけないので磨屋《とぎや》国民学校に三〇人ほどの孤児を収容」との情報が紹介されている。その後の受け入れ先として、多比良《たいら》国民学校金山分教場や、カトリック修道院の「聖母の騎士」などが挙げられている。

ここで大きな役割を果たしたのが、日本では「神父」として親しまれているゼノ修道士（一八九一～一九八二年）である。のちにアウシュビッツ収容所で犠牲となるコルベ神父（一八九四～一九四一年）らとともに、一九三〇年にポーランドから長崎にやって来た修道士の一人で、彼らは「聖母の騎士」修道院を開き、キリスト教の布教《ふきょう》に尽くした。

「聖母の騎士」は、ポーランド系のカトリック修道院で、日本が太平洋戦争に突入すると退去を命じられた。修道士らは熊本県の抑留所に送られたが、ゼノ修道士は長崎に残り被爆した。一命を取り留めたゼノ修道士は、孤児をみつけては、修道院に連れてきたという。いつしか修道院は孤児施設になった。

この施設には、自らも被爆しながら、被爆者の治療や執筆活動を続けた医師永井隆《ながいたかし》（一九〇八～五一年）もかかわりがある。原爆で妻を亡くし、自身も重傷を負って病床に伏《ふ》した永井だが、疎開していて助かった二人の子どもの将来を案じ、キリスト教者として孤児施設運営にも意見を述べるなどしたという。

一九四八年に県立孤児院として設けられた「向陽寮《こうようりょう》」について近年、新聞やテレビで相次ぎ紹介された。メディアや研究者が証言や記録を掘り起こし、孤児についてさまざまな角度から調査・検証する営みは、戦後七六年を過ぎた今も続いている。こうした動きは、長崎の原爆孤児たちが置かれた実情を理解する大きな助けとなるだろう。

それぞれの人生は……

当然のことながら、そうした施設や支援につながらない子どもたちも数多くいた。孤児たちは、どんな戦後を歩んだのだろうか。

兵隊に行って親より先に死ぬ。それが当たり前と思っとった。残されたら、どうすりゃいい。なんも分からんかった。

在ブラジル被爆者、向井昭治さん（二〇〇六年に七九歳で死去）とその弟たちの言葉である。

八人きょうだいの長男だった向井さんは、被爆当時一八歳。下には当時六～一五歳までの弟たちがいた。自宅は広島の爆心直下。家も両親も跡形もなく消えてしまったという。

向井さんと三つ下の弟は学徒動員先で被爆し、負傷。ほかの幼い弟たちは疎開先から、両親を探して入市被爆した。向井さんたちきょうだいの過酷な人生が始まった。

住む家も、食べる物もない。原爆に遭ったことが知られると、「家の名を汚すと言われてのう、親戚に頼ることもできんかった」。偏見は根強く、周囲で何かがなくなれば、向井さんたちきょうだいが疑われたという。馬小屋で雨露をしのぎ、「何ヶ月かは、生きているのが不思議な状態だった」。

ある日、県庁で「ブラジルに四年も行けば大金持ちになれる」と聞いた向井さんは、姉と四人の弟たちと一九五五年、移民船に乗り込む。戦後の人口過剰を抑制するために、政府が南米への農業移民を推奨していた。しかし、言葉もわからないブラジルでの農場労働が容易でなかったのはいうまでもない。

向井さんたちのように原爆で親を失い、生活苦などから、新天地を求めて戦後にブラジルなどの南米各国や米国へ移住した人は少なくない。

米国に暮らすある被爆者は八歳の時、広島に投下された原爆で両親・祖父母・きょうだいを失い、孤児になった。ごみをあさり、草を食べて飢えをしのいだという。だんらんの家の前に立ち止まった時には、残飯を投げつけられることもあった。親類宅に身を寄せたり、関西へ奉公に出たりしながら何とか生き抜いたものの、世間の孤児に対する差別や偏見は根強く、定職に就くのは難しかった。

肉親を奪った国への復讐《ふくしゅう》に生きようと決め、一八歳で移民船に乗り込み米国へ。しかしそこで待っていたのは、農園での苛烈な労働と人種差別の現実であった。

それでも、心ある人に出会い、牧師となってかつての敵国で平和活動に力を注いだ。つらい体験を他人に語れるようになったのは、助けてくれる人たちがいたからである。他方で、心身の健康や周囲の環境に恵まれず、口を閉ざしたまま亡くなった人も多かろう。過去の中国新聞記事をたどると、日本の植民地だった朝鮮半島出身で、原爆孤児となって母国に戻った在韓被爆者の証言にも出会う。

このように、「原爆孤児」という言葉ではひとくくりにできない実情や歴史的背景があることを、いま一度、心に留めなくてはならない。

（森田裕美）

〔参考文献〕『広島原爆戦災誌』（広島市、一九七一年）、中国新聞社編『検証ヒロシマ1945—1995年』（中国新聞社、一九九五年）、中野清一編著『広島・原爆災害の爪跡』（蒼林社出版、一九八二年）、平井美津子編『シリーズ戦争孤児⑤原爆孤児』（汐文社、二〇一五年）、『広島市被爆70年史―あの日まで そして、あの日から　1945年8月6日―』（広島市、二〇一八年）、平井美津子・本庄豊編『戦争孤児たちの戦後史2　西日本編』（吉川弘文館、二〇二〇年）

問 42

沖縄戦のなか、戦場孤児たちはどのように生きてきたのでしょうか

一九五三年、琉球《りゅうきゅう》政府文教局調査課がまとめた両親を失った児童数は四〇五〇名（宮古島《みやこじま》・八重山《やえやま》諸島を除く）、五四年の琉球政府社会福祉課の調査では約三〇〇〇名となっている。実数はさらに多いだろう。そのなかで戦場で孤児となった子どもたちは、極限までの飢えと恐怖のなか、暴力と死と隣合わせの過酷な状況を生きた。三人の証言を要約し紹介する。

人間の恐ろしさを知った九歳の女の子

うるま市在住の神谷洋子さん（当時九歳）は、母と弟（生後四、五ヵ月）と一緒に南部へと向かい、一人だけ生き残った。その体験をうかがった。

米軍が上陸すると、住んでいた那覇《なは》市から南部に向かった。その途中、母は南風原《はえばる》の陸軍病院壕で傷病兵の看護を手伝うことになった。その時、病院壕近くに爆弾が落ち、母と弟が木《こ》っ端《ぱ》みじんになって、あちらこちらに……。私の体に母たちの肉片がついて、爆弾で入口も封鎖されてどうしようもない時に、誰かがこじ開けてくれて、誰かわからないが私の手を捕まえて外に出してくれた。その時の傷跡が左脇腹《わきばら》に残っている。その後一人で逃げまわった。途中で日本兵に「これを食べなさい」と非常食のカンパンをもらったが、別の日本兵に「お前が食べたら国のためにならない」と奪われてしまった。一人で心細いので夜は山（茂み）のなかで、昼は「助けてください」って、あっちのガマ（自然壕）、そっちのガマに行ったり……。お願いするんだけど、私がしょっちゅう泣くもんだから「あんたが泣いたら、爆弾がこっちに落ちてみんな死ぬからあっちに行きなさい」って……。石まで投げられた。どこにいっても追い出され、あとは弾も恐いし、人間も恐くなってきた。私は何も飲まず食わずしながらフラフラして、歩くのもやっとで、這って、這って……。あるガマのところに着いて眠ってしまった。その時にきれいな身なりをした米兵からチョコレートをもらった。とても美味しかっ

た。この人に連れられ、みんな（避難民）が集まっているところに行った。そこで親のいる人、いない人に分けられて、トラックで連れて行かれたのがコザ孤児院だった（二〇一七年の講演および筆者聴き取り）。

背中で亡くなった一歳の妹

石原絹子さん（当時七歳）は、母と兄（九歳か一〇歳）、三女（三歳）、四女（一歳）で鉄の暴風の渦中《かちゅう》にいた。

母は逃げる途中やけどを負って一人では歩けなくなった。それでも島尻《しまじり》（南部）に逃げて……。だんだん戦争の恐ろしさ、人が死んでいるというのがだんだん平気になって……。どしゃぶりのなか、やっと小さい防空壕に入ったが、日本の兵隊さんが何人か入ってきて、母を取り囲んで「子どもたちを殺すか、そうでなければ出て行け」って……。母はブルブル震えながら泣いていた。私は母に「一歳の妹を私がおんぶするよ、三歳の妹は手を引っ張るよ、大丈夫だよ」と言い、兄が母を支え壕を出た。持っていた食糧・塩・水は日本兵に取り上げられた。

逃げている途中、私と二人の妹を残し母と兄がいなくなった。「嘘だ、嘘だ」って見渡すと、周りには腐った死体がいっぱいある。もう恐怖心で、誰か助けてくれる人はいないかと思いながら「お母さーん、お母さーん」って探しても探してもいない。周りでは死体が黄色くパンパンに膨らんで……。母を探すため三歳の妹の手を引いて死体を踏んづけてしまうと、お腹が「パン」って割れて、うじ虫がバラっと出てくる。もう私は母を探すことで精一杯《せいいっぱい》で、怖いとか臭いとかそういう感覚は無くなっていた。やっと「お母さんがいた！」と。妹の手を引いて走って行くと辺りは血だらけ。ずっと雨が降っているから、血と泥が一緒になった海になっていた。母は、そのなかで大きな岩の下敷きになっていた。母の腹わたが飛び散って……。兄も見たら母と同じで……。私は疲れ切って……。でも爆弾はどんどん落ちてくる。あまりの恐ろしさにブルブル震えて、この震えが止まらない。

そして一歳の妹は私の背中で冷たくなっていた。妹に水もお母さんのおっぱいも飲ますのを忘れていた。妹は揺さぶっても起きず、鼻や目や口からうじ虫が湧きだしてきた。私は顔中のうじ虫を三歳の妹と二人で払ったが何度やっても湧いてきた。泣いていると、また爆弾が落ちてきて三歳の妹の左胸辺りに大きな鉄の破片が刺さった。妹が「お姉ちゃん水が欲しい」って言ったが、ここには血と泥の水しかない。妹の頭を撫《な》でてやるのが精一杯だった。今度は私が死ぬ番。泥だらけの血だらけのところに頭を置いて、お母さんのところに行けると思うとホッとして意識を失った。揺さぶり起こしたのは米軍の衛生兵だった。父は防衛隊にとられ帰ってこなかった（二〇一七年筆者聴き取り）。

収容地区で母を亡くした五人きょうだい

当時、平仲千代子さん（当時一二歳）は父（四二歳）が防衛隊にとられ、母（四二歳）と兄（一七歳）、二人の弟（一〇歳と七歳）、妹（一歳）の五人きょうだいだった。

戦争がきたのは私が具志頭《ぐしちゃん》国民学校六年生に上がる時だった。本家の家族とあわせて一一名で、本家の防空壕に入っていたが兵隊がきて「出て行け」と言われ、東風平村《こちんだそん》まで行きつくと私たちは二七名の集団となっていた。母は妹を背負っておにぎりをつくり、雨のなか、艦砲のなか南部へ向かった。摩文仁村《まぶにそん》近くまでたどり着いたら、大勢の避難民と負傷した兵隊さんがいっぱいいた。片足のない兵隊に一〇歳の弟が水を飲ませ、黒砂糖を食べさせた。ギーザバンタ（地名・海沿いの崖《がけ》）に着くと、さらに艦砲攻撃が激しくなり、兄がロープを持っていたので、長い時間かかり崖下に降りた。しかし兄の姿が見えない。私たちは海岸沿いの岩と岩の間に五、六日ぐらい隠れていたが、そこで米軍の捕虜《ほりょ》となった。そして玉城村垣花《たまぐすくそんかきのはな》に集められた時、兄は喉に弾が貫通するという大けがを負って帰ってきた。

私たちは船に乗り、トラックに乗せられヤンバルの嘉陽《かよう》集落（民間人収容地区）まで連れて行かれた。嘉陽では母が病気で私が食事をつくった。お米や缶詰は配給が少しあった。兄さんが窯を炊いて塩をつくったり、ヒジキを採って炊いたりした。野菜は道ばたの桑の葉、カズラ……。避難民で草は全部食べつくされ、海の藻まで奪いあった。一一月末になると故郷に帰ることになったが、みんな骨と皮だけ、痩せこけて親戚の人たちも一〇名ぐらい亡くなっていた。母も一一月に亡くなった。母は栄養失調でお腹をこわし、マラリアに罹《かか》っていた。父は帰らぬままで、それからは兄が父の役、私が母の役で一歳半の妹の面倒をみながら三人を学校に行かせる生活が始まった（二〇一七年筆者聴き取り）。

戦争孤児となった子どもたちは、その後も筆舌《ひつぜつ》に尽くしがたい悲惨な暮らしが待っていた。

（川満　彰）

〔参考資料〕浅井春夫・川満彰編『戦争孤児たちの戦後史1　総論編』（吉川弘文館、二〇二〇年）、川満彰『沖縄戦の子どもたち』（吉川弘文館、二〇二一年）

43 問

いわゆる「混血児」とはどのような子どもたちでしたか

敗戦後、大日本帝国陸軍や海軍は武装解除され、軍事施設や主要都市にはアメリカ軍が進駐軍（占領軍）として入った。後述する「【証言】アメリカがやってきた」（阪本伊三雄）にもあるように、アメリカ兵は日本人に対してとても友好的にふるまった。まずは子どもたちがなつき、ついで若い女性たちがアメリカ兵と交際するようになった。その結果生まれたのが、混血児（国際児）だった。

日本に残された混血児

敗戦の翌年の半ばほどから、アメリカ兵と日本人女性との間に生まれた混血児のことが話題になるようになった。混血児のなかには父母とともにアメリカに渡ったケースもあったが、多くは母とともに日本に残された。「鉄人」のニックネームで知られた広島東洋カープの衣笠祥雄《きぬがささちお》（一九四七〜二〇一八年）は、アフリカ系アメリカ人兵士の父親と、日本人の母親の間に生まれた混血児だった。

最初の混血児の誕生は、アメリカ軍が日本に上陸してから九ヵ月後の一九四六年六月末のことである。ラジオが「日米混血児第一号の誕生」のニュースを流した。「この混血児は日本とアメリカとの架け橋であり、太平洋両眼を結ぶ愛のしるしなのです」と紹介されたが、本当にそうだったのだろうか。

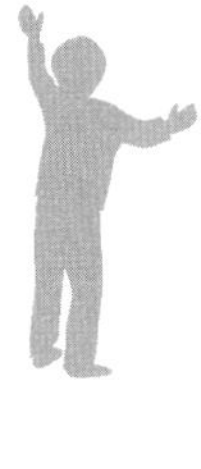

棄《す》てられた子どもたち

混血児が増えるにつれて、養育に困った母が、黒い肌や青い目の赤ちゃんを棄てるようになった。京都市岡崎《おかざき》にあった孤児院・平安徳義会《へいあんとくぎかい》（現在は児童養護施設）には、今西みゑ《みえ》さんの記録が残っている。

昭和二十一年十一月。混血児収容。

朝方、毛布に包まれていた棄児《きじ》が収容されました。赤ん坊は赤黒いチョコレート色の肌で、おむつを取り替えるとき、驚いたことには、ヘソの緒、胎便《たいべん》がカチカチにくっついていました。急いでお湯をわかす準備をしましたが、薪《まき》がありませんでしたので、ガラクタをかき集めて、コンロを庭に出して湯をわかし沐浴《もくよく》させました。

この子の誕生は、喜びの産声《うぶごえ》ではなく悲しみの産声だったのでしょうか。だれからも祝福されることもなく、それでも、力いっぱい生きようとしているように思えました。産毛は黒色で、細いカールがかかっていました。女の混血児、平安神宮の芝生に捨てられていたものでした。

乳児期は発育不良のためお尻はシワだらけ、皮フ病でサメ肌、強い体臭がありました。ミルク不足でしたが生命力強く育ちました。

幼児期は独特な愛嬌《あいきょう》をふりまき、見よう見まねでオルガンを弾くようになり、保母を驚かせるほどの上達ぶりでした。また、年少児のあやし方は保母顔負けで、ララ物資の赤い服は、チョコレート色の肌によく似合いました。

岡崎動物園、平安神宮、永観堂《えいかんどう》と戸外保育に出かけますと、進駐軍の兵士をよく見かけました。そして、アメ・チョコレート・ガムなどをもらったり、カメラで写されたりしました。身長が地面に近い幼児たちが、見上げるように背の高い進駐軍の兵士の顔を、驚いたように見つめていたあの光景が、私の脳裏にやきついています。

混血児は昭和二十七年、錦林《きんりん》小学校に入学しました。本人は成長するにつれ、髪の毛のちぢれと、肌の黒さを気にするようになってきました。

昭和三十四年五月、(神奈川県)大磯《おおいそ》の沢田美喜《さわだみき》先生の施設エリザベス・サンダース・ホームに、措置変更されることになりました。

エリザベス・サンダース・ホームは、財閥岩崎《いわさき》家(三菱《みつびし》グループ)の長女沢田美喜が一九四八年、大磯にあった岩崎家の別荘につくった混血児のための孤児院である。外国の基地があれば、さまざまな事情で混血児が生まれる。戦争中に日本軍が占領した東アジアや東南アジアの国々でも同様である。外国に軍隊が駐留することは、混血児を生み出す要因である。沖縄では今でもアメリカ兵と沖縄の女性との混血児が社会問題になっている。

【証言】アメリカがやってきた(阪本伊三雄)

一九三七年、京都市山科《やましな》区に生まれた阪本伊三雄は、敗戦後に京都にやってきたアメリカ兵(進駐軍)をどうみていたのだろうか。アメリカ兵と日本人女性との間に生まれ、育児放棄されたいわゆる「混血孤児」(国際孤児)が、進駐軍が駐留した地域でどのように生み出されていったのか。以下に、阪本の寄稿を掲載する。

国民学校（小学校）に通う子どもたちの頭や襟首《えりくび》は、シラミやノミ、南京虫《なんきんむし》のオンパレード。アメリカ軍から提供されたDDTの丸い缶をペコペコと鳴らしながら、白い粉をかけあった。ポトポトと落ちてくるヤツを、手の親指の爪で押しつぶすのは、男子の役目だった。

山科区の北西部の丘陵地に結核《けっかく》病院（サナトリウム）があったが、その施設がアメリカ兵の「東山《ひがしやま》ダンスホール」と遊興の場となった。その周りには、慰安《いあん》バンガローが建ち並んでいた。「子どもたちはけっして近づくことはならぬ」との教えを受けた。

同じクラスにO君がいた。みんなが貧しくて栄養不良児だったころ、ある日突然、O君がまっ白な毛糸のタートルネックのセーターに折り目正しいズボンで登校してきた。彼のお父さんはサイパンで戦死されたとのことで、若いお母さんは息子と老いた両親のため、進駐軍兵士を相手にしたのだった。Tさんのお母さんは、和服からドレス姿になった。ダンスホールで踊っていたのだろう。娘のTさんも洋装になった。

当時、日本のオトナの男たちはタバコに飢えていた。ダンスホールへ通う女性たちから、緑に赤い丸のマークのラッキーストライクや、ラクダ印のキャメル、白い線と赤い線のたすきがけの模様が入れられた楕円形の缶のハーフアンドハーフ、ハバナの葉巻タバコなどを調達した。ハーフアンドハーフのパイプ用タバコは、お金持ちの日本人が粋《いき》にくゆらせていた。

子どもたちは、アメリカ兵のジープやトラックが走ってくると、大きな声で「ギブ ミー チョコレイト」と叫んで、せがむように手を伸ばした。ぼくが最初に覚えた英語だったかもしれない。初めて口にするハーシィーの板チョコ、チョコキャラメルのヌガーの少し柔らかいキャンディーにはピーナッツが入っており、たいへんオイシかった。

自宅からすぐ近くの山稜《さんりょう》に京都大学の花山天文台《かざんてんもんだい》があった。天文台の一部の建物が進駐軍の通信基地とされ、そこに勤めるアメリカ兵とも遊んだ。シーアスさんと言った。ときどき家族らしい子どもと母親が来ることがあった。京都府立植物園内に住居があることがわかった。

天文台には水道の設備がなく、シーアスさんたちはぼくの家の井戸水を汲みに来た。顔見知りのシーアスさんがいたので、安心して家の中に入れた。兵士たちが持ち込んだ缶入りチーズやソーセージで宴会が始まった。兵士たちはバーボンウイスキーのグラスを傾けた。ぼくの母が大きなヤカンに井戸水を準備すると、「ベリーナイス」と言ってくれた。

京都大学花山天文台

アメリカのジープやトラックの排気ガスは、実に良い香りがした。ジープが走り過ぎると、すぐさま深呼吸した。現在のハイオクガソリンなのだろう。当時の日本の車は木炭車だった。

混血児たちの戦後

アメリカ占領軍は日本の主要都市で日常的に人々とかかわっていた。若い兵士が多く、日本女性との関係が深くなり、混血児が生まれるケースが少なくなかった。アメリカ兵から暴行を受け、妊娠させられる日本女性がいた。

生まれた混血児たちの多くは母親の手で育てられたが、棄てられてエリザベス・サンダース・ホームのような混血児専門の孤児院に収容される子もいた。日本社会でたくましく生き抜いた混血児もいたし、アメリカの里親に引き取られる孤児もいた。混血児たちにとって、外見で差別される日本は生きにくい国だった。エリザベス・サンダース・ホームの卒園生のなかには、ブラジル移民として旅立つ人もいた。

（本庄豊・阪本伊三雄）

〔参考文献〕創立百周年記念誌『徳義』（社会福祉法人平安徳議会、一九九〇年）、本庄豊編『シリーズ戦争孤児② 混血孤児—エリザベス・サンダース・ホームへの道—』（汐文社、二〇一四年）

問44

「駅の子」と呼ばれた戦争孤児について教えてください

戦争孤児たちが目指したのは鉄道の駅だった。駅には人が集まり、食べ物を得ることができたからである。物乞《ものご》いをしただけではなく、長距離列車の切符を買う人のために列に並んだり、靴磨きや闇市の手伝いなどの労働もした。タバコの吸い殻（シケモク）を集めて販売することもあった。盗みや恐喝《きょうかつ》など犯罪にも手を染めた。駅はまた、鉄道を通じて他の地域とつながる場でもあった。「銀シャリ（白米）が食べられる」と聞いて、東京駅から長崎駅まで無賃乗車した孤児もいた。駅構内や駅周辺で暮らし、鉄道を使って全国を移動する孤児たちは「駅の子」とも呼ばれた。彼らはどんな生活をしていたのだろうか。

過去を語らず偽名を使う

駅の子たちは、駅で徒党を組んだ友人にも本名を明かさなかった。孤児院に収容されても偽名で通した。本名がわかり素性《すじょう》がばれて、親戚の家に戻されるのを恐れたからである。偽名ではあっても、同じ境遇の孤児仲間には心を許した。

本名がわからないので、孤児院の指導員が名前をつけることもあった。京都の三条駅にいた女の子に「三条愛子」、京都駅に棄《す》てられた男の子に「江木（駅のこと）捨男」と名付けることもあった。

孤児たちの生み出した言葉

仲間と話し合うためには言葉がいる。こうして駅の子たちは、自分たちの間だけで通じる言葉を生み出した。もともと刑務所などで使われていた言葉が転用された例もある。いくつか紹介しよう。このなかには、現在でも使われている言葉もある。

銀シャリ　白米のこと。

シケモク　タバコの吸い殻のこと。シケモクを拾うことは「モク拾い」。

薩摩守《さつまのかみ》　無賃乗車（薩摩守忠度《ただのり》、つまり「タダ乗り」のこと）。

ヌマカン　東京駅から沼津《ぬまづ》駅行きの終電に乗り、翌

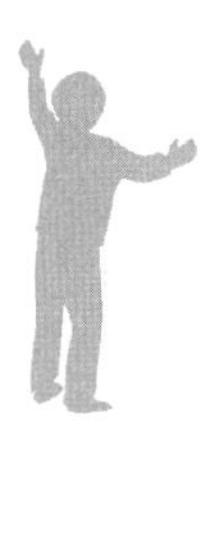

朝の始発で東京に戻ること。無賃乗車をしつつ、暖かい列車内で寝ることができた。

ノガミ　多くの孤児がいた、上野《うえの》駅周辺のこと。

モグラミチ　孤児たちが寝泊まりした地下道のこと。

バイショウ　商売のこと。漢字をさかさまに読んだ。

チャリンコ　少年スリのこと。

オキビキ　荷物の持ち逃げのこと。

タタキ　強盗のこと。

ノビ　窃盗《せっとう》や空き巣のこと。

カツアゲ　恐喝・ゆすりのこと。

シューシャイン　「靴を磨きます」とアメリカ兵に呼びかける言葉。靴磨き少年はシューシャインボーイ、少女はシューシャインガールと呼ばれた。

トンコ　孤児院を逃亡すること。

駅の子のイメージ

アニメ映画の名作に「火垂《ほた》るの墓」（高畑勲《たかはたいさお》監督、一九八八年）がある。戦争で海軍士官だった父を亡くし、神戸《こうべ》空襲で母を亡くした兄妹が親戚の家での迫害に耐えかねて飛び出し洞窟《どうくつ》で暮らし始めるが、しだいに栄養失調で弱り最後は死んでしまうという悲しい物語である。兄が亡くなったのは神戸の三宮《さんのみや》駅だった。

社会の差別に苦しんだ戦争孤児の方々が、高齢になるまで名乗り出なかったこともあり、たくましく生き抜いた孤児たちの物語は語られることがなかった。一枚の戦争孤児の写真がある。「空き缶コップを持つ少年」と名付けられたこの写真は、孤児院だった積慶園《せっけいえん》（京都市）が所蔵していたものである。破れた帽子《ぼうし》、古着の重ね着など大変な暮らしをしていたことがわかるが、この少年からは弱々しさを感じない。戦後をたくましく生きたエネルギーがみてとれるのではないだろうか。少年が左手に持っているのはアメリカ製タバコ「キャメル」の空き缶である。この空き缶を差し出し、物乞いをしたのだろうか。食料を入れている布袋らしいものもある。

語り出した駅の子たち

戦後七六年が過ぎ、駅の子たちが語り始めた。「このままでは私たちはなかったことにされる」「国の起こした戦争で犠牲になった僕たちがなぜ差別されなければならなかったのか」と話す孤児もいる。敗戦時に六歳だった孤児は八三歳、一三歳だった孤児は九〇歳になっている。ずっと黙っていた自分の戦後史を語り出したのである。

戦争孤児体験を持つ目の見えない小倉勇さん（京都市在

住）は、「戦争によって亡くなった人は一人の人間として報道されない」「伏見寮《ふしみりょう》（孤児院）や盲学校の先生たちには、本当にお世話になりました。私が目が見えていたら、悪の道から立ち直らなかったかもしれません」「日本が外国で戦争をするのではないかという今の時代に私の体験を伝えたいと思います」と語っている。日本の戦後史は、経済復興と民主主義・平和主義として展開されることが多いが、戦争が終わってから続いた孤児たちの戦争（戦後史）を、いましっかりと記録しなければならないのではないか。

「戦災孤児の歌」が残されているので紹介しよう。曲は第三高等学校（現在の京都大学）ボート部で歌われた「琵琶湖周航の歌」である。

　戦災孤児の歌

　われわれはさすらいの
　戦災孤児の労働者
　今日は東　明日は西
　日本国中　ただで乗る
　太陽よ　銀シャリよ
　みんなおいらに　ついてこい

（本庄　豊）

空き缶コップを持つ少年（1947年ころ京都駅にて，積慶園所蔵）

〔参考文献〕本庄豊編『シリーズ戦争孤児① 戦災孤児—駅の子たちの戦後史—』（汐文社、二〇一四年）、本庄豊『戦争孤児「駅の子」たちの思い』（新日本出版社、二〇一六年）

問 45

闇市のなかで子どもたちは何をして生き延びたのでしょうか

敗戦後、駅周辺には闇市《やみいち》が立った。闇市には日常生活品や食料品、旧日本軍や米軍の放出品などあらゆるものが並んだ。闇市とはブラックマーケットのこと、つまり無許可の店である。大阪の天神橋《てんじんばし》筋や東京上野《うえの》のアメ横に行けば、当時の闇市の名残が感じられるだろう。警察による取締りもあったが、何度取り締まっても闇市はつくられた。戦後の人々にとって、配給では手に入らないものが買えるからである。闇市で物乞《ものご》いをする子どももいたし、窃盗《せっとう》や恐喝《きょうかつ》をする孤児もいた。一番多かったのは、店の使い走りなど仕事を手伝うことだった。やがて店員となり、店を構える孤児もいた。ごった煮のような闇市で、孤児たちはたくましく生きたのである。

闇市での仕事

列車で無賃乗車する孤児たちのほとんどは、東京の上野駅周辺で生活した経験を持つ。寝たのは地下道である。数千人の家のないおとなや子どもであふれかえり、病死者や餓死者が出た。朝になると警察が来て、死体を運んでいったという。

駅のすぐ近くに巨大な闇市が開かれ、規模をぐんぐんと広げていった。靴磨き・新聞売り・列車の切符の購入のために並ぶこと・店の皿洗い・ごみ拾いなどが仕事だった。闇市の人気メニューに「残飯シチュー」があった。米軍基地の残飯をもらい、ごった煮して味をつけたものである。何が入っているかわからないが、うまかったという。

ある姉弟

敗戦後の京都駅とその周辺の闇市で暮らした経験のある戦争孤児の姉弟は次のように語っている。何よりも必要なものは食糧だった。食糧調達の方法はいたってシンプルである。弟が物乞いを、姉が使いぱしりをやった。

物乞いは駅から降りてきた人をねらう。長距離列車に乗ってきた人は、にぎりめしや弁当の残りを持っていることが多い。だまって手を出せば、痩せこけた姿の弟を涙目で見ながら、食べ物を分けてくれた。

姉は京都駅北口に広がる闇市で芋や茶碗《ちゃわん》洗いの手伝いをし

た。闇市の近くには水道がないので駅まで運び、構内でトイレなどで洗い物をする。晩秋《ばんしゅう》の水は冷たい。しもやけとあかぎれで彼女の手は無残だった。

けれど、弟は自分たちを惨《みじ》めだと思ったことはなかった。京都駅構内とその周辺にはおびただしい数の戦争孤児が暮らしていたからである。兄弟や姉妹が一緒に生活するのは当然だが、一匹狼や徒党を組んだ不良もいた。不良たちは闇市でやくざの手先になり、タバコにも手を出していた。

京都駅近くのがれきで遊ぶ孤児たち（積慶園所蔵）
札を数えている手にはアメリカ軍のヘルメットがある.

靴磨きの歌

年少者の定番の仕事は、駅や闇市の路上での靴磨きだった。胴元《どうもと》がいて仕事道具を貸し出してくれる。貸出し料が高かったため、年長の少年は靴磨きをしなかったという。少年だけではなく、少女の靴磨きもいた。革靴は当時高級品であり、アメリカ兵や金持ちしか履かなかった。

暁《あかつき》テル子（一九二一～五八年）が戦後に歌ってヒットした「東京シューシャインボーイ（靴磨き）」。靴磨きの仕事をする少年たちの姿を歌った。歌詞の一部を紹介しよう。

サーサ皆さん　東京名物
とてもシックな靴磨き
ダンスがお得意　英語もペラペラ
東京シューシャインボーイ

靴磨きの歌はまだある。以下は宮城《みやぎ》まり子（一九二七～二〇二〇年）が歌った「ガード下の靴みがき」の抜粋である。

墨に汚れた　ポケットのぞきゃ
今日も小さな　お札だけ
風の寒さや　ひもじさにゃ
慣れているから　泣かないが
ああ　夢のない身が　辛いのさ

戦争孤児は社会現象になり、歌にも歌われた。だが、国が孤児を救援することはなかった。「敗戦後に飢えとたたかう本当の戦争が始まった」という証言は重い。
（本庄　豊）

〔参考文献〕石井光太『浮浪児一九四五―戦争が生んだ子供たち―』（新潮社、二〇一四年）

問46 孤児になった子どもはどんな思いで戦後を暮らしたのでしょうか

敗戦によって孤児になった子どもたちの総数は、一九四八年の厚生省の調査によると一二万三五一一人、そのうち親戚に預けられた孤児は一〇万七一〇八人とされている。しかし親戚などに預けられた孤児たちも、厳しい生活のなかで心安らぐ居場所をみつけられず、つらい暮らしを送った人が少なくなかった。

原爆で親を失った少女

山田寿美子さんは原爆投下の時、爆心地から二、三㎞の三《み》滝町《たきまち》にある母の実家で被爆した。爆風で一ｍくらい吹き飛ばされ、窓ガラスの破片が顔や頭に突き刺さった。長姉に抱きかかえられ竹やぶに逃げたが、そこで黒い雨にあう。

父は建物疎開作業に出たまま帰らなかった。母も建物疎開作業を始めようとした矢先に被爆、背中のほとんどに大やけどを負い、実家まで歩いて帰ってきたものの、数日後に亡くなった。

寿美子さんは当時二歳だった。

少女の暮らし

小学校に入学した時、寿美子さんは同じ境遇の中学生の従姉と二人で暮らしていた。従姉は近所の八百屋でアルバイトをして学費を稼ぎ、農家に手伝いに行き野菜を分けてもらい、電気もない家で暮らした。給食費も払えず、学校は休みがちになった。寿美子さんが四年生になったころ、これ以上幼い子どもたちだけで生活を続けていくことはできず、別々に親戚の家に引き取られることになった。しかし、どの家にも同じくらいの子どもがおり、生活は厳しかった。気持ちよく引きとってもらうことはできず、中学三年になるまでの間、寿美子さんはたらいまわしにされた。親類の家を転々とする寿美子さんに日常の安らぎはなかった。

当時を振り返って、寿美子さんは話す。

この次はどこの家に、いつ引き取られるのだろう？　新たな引き取り先を見つけるための話し合いが行われ、決まると風呂敷《ふろしき》包み一つだけをもって、新しい家に行きま

した。物がなくなれば、いつも私のせいにされる。部屋ではなく廊下《ろうか》で気兼ねして暮らしたこともありました。誰も味方になってくれる人はおらず、惨《みじ》めでした。生きていくことがとても辛くて仕方ありませんでした。己斐《こい》にいた中二のとき、西広島駅から広島駅まで列車通学していました。あの頃は余りにも短い期間であちこちを転々としたので、転校の手続きが追いつかなかったのです。太田川《おおたがわ》の鉄橋に列車が差し掛かったとき、このまま死ねたらどんなにいいだろうと思ったこともありました。当時は手動のドアだったので、何度もドアに手を掛けました。そのたびに、母が最後に姉に言ったという『寿美子を頼む』という言葉がよみがえりました。（平井美津子『原爆孤児』）

1948年「全国孤児一斉調査」の結果（沖縄県を除く）

戦争孤児合計 123,511人			
年齢別（数え年）		種類別	
1歳〜7歳	14,486人	戦災孤児	28,248人
8歳〜14歳	57,731人	引揚孤児	11,351人
15歳〜20歳	51,294人	棄迷児	2,647人
		一般孤児	81,266人

保護者別	
親戚に預けられた孤児	107,108人
施設に収容された孤児	12,202人
独立した生計を営む孤児	4,201人

注）厚生省児童局企画課調「全国孤児一斉調査結果」1948年2月1日現在（『全国戦災史実調査報告書 昭和57年度』）.
浮浪児および養子縁組をした孤児は含まれていない.
また「独立した生計を営む孤児」の実態は不明である.
「種類別」の合計値が「戦争孤児合計」と合わないが,出典のママとした.

親を失った孤児たちは、養子や里子になっても、幸せな生活を保障されたとはいえない。なかには、貧しい家計を支えるために労働力として酷使されたという人も少なくない。戦争が終わっても、孤児たちに安らぎはなかったのである。

（平井美津子）

〔参考文献〕平井美津子『原爆孤児―「しあわせのうた」が聞える―』（新日本出版社、二〇一五年）、浅井春夫・川満彰編『戦争孤児たちの戦後史1 総論編』（吉川弘文館、二〇二〇年）

問 47

子どもの戦争トラウマとはどのようなものでしたか

戦争トラウマ（心的外傷）やPTSD（心的外傷後ストレス障害）は、一九八〇年代にベトナム戦争帰りのアメリカ兵を診察した精神科医が命名したものである。第一次世界大戦による大量破壊兵器（毒ガス・機関銃《きかんじゅう》など）の登場で、戦争中に精神疾患《しっかん》になったり、戦後に精神病を発症することが多くなった。かつては、外傷神経症・災害神経症などと呼ばれていた。サイパンやテニアンでの戦闘や、沖縄戦で戦場を体験した子どもたち、空襲被害にあった子どもたち、親を亡くして孤児となった子どもたちなど、さまざまなケースのトラウマについて具体的に説明してみよう。

戦場の子どもたち

戦争体験には空襲・飢餓・避難・引揚《ひきあげ》などさまざまあるが、そのなかでも戦場体験ほど過酷なものはないだろう。アメリカ映画「ハクソー・リッジ」（メル・ギブソン監督、二〇一六年）では、沖縄の前田高地《まえだこうち》争奪の戦闘で精神を蝕《むしば》まれる日本兵の姿が描かれていた。沖縄戦では住民の四人に一人が命を落とした。そのなかには子どもたちも多く含まれていた。助かった子どものなかに、戦争トラウマを抱える人が多くいた。戦争を語り続けることでトラウマと向き合う人もいるし、沈黙を貫くことで心の平静を保とうとする人もいる。おとなたちはほとんど亡くなっている。

言葉を失った子ども

京都府に伏見寮《ふしみりょう》という戦争孤児施設があった。京都駅周辺にいた孤児たちを収容し、数ヵ月の経過観察の後、京都市内の孤児施設に振り分ける役割を持っていた。敗戦後の食糧難のなか、子どもの養育に困った親が捨てるというケースもあり、伏見寮はてんてこ舞いだった。体が弱り、亡くなる子どももいた。子どもの遺体は近くの火葬場で焼いた。

子どもたちのなかに、まったく言葉を話さない者がいた。指導員の森川康雄さんは「最初は朝鮮の子どもだと思っていました。けれどこちらが何を言っているかはわかるのです」という。数ヵ月が過ぎると、ようやくその子は話し出した。

大阪で空襲にあい、両親と兄弟を失ったショックで言葉が出なくなっていたのである。

駅に置き去られた兄弟

林田信二（当時五歳・仮名）は、兄の喜代志（一一歳・仮名）とともに一九五二年一二月、大阪駅構内で曽根崎《そねざき》警察署により保護され、大阪市中央児童相談所より東光《とうこう》学園（堺《さかい》市）に送られた。信二は一九四七年二月生まれであり、戦後に生を受けたことになる。

京都府立八瀬学園の音楽療法

兄の喜代志はそのまま東光学園に収容されたが、弟の信二は下痢《げり》のため至誠会《しせいかい》病院に年明けまで約一ヵ月間入院した。両親はいるが、職業は「不明」となっており、収入が不安定だったと推測される。そのため、駅に置き去りにされたと記録されている。

こうした体験は、長い間兄弟を苦しめたが、学園内でいつも二人でいることでずいぶんと救われたという面もあった。

京都府立八瀬《やせ》学園

言葉が出ない、表情がないなど、日常生活の過ごせない子どもたちのため、比叡山《ひえいざん》のふもとにつくられたのが京都府立八瀬学園である。戦争直後だけではなく、父親が復員《ふくいん》して家庭に戻り子どもたちに暴力をふるうことで、精神を病む子どもたちが出てきた。父もまた戦争トラウマのなかにあったのである。

伏見寮で指導員をしていた森川康雄さんは、自分から希望して八瀬学園に異動し、音楽を使ったケアを始めた。森川さんは子どもたちによるブラスバンドを結成し、音楽を教育の中心に据えたカリキュラムをつくり実践した。卒業生のなかにはトラウマを乗り越え、叡山電鉄《えいざんでんてつ》の駅長になる人も出た。

（本庄　豊）

〔参考文献〕石井光太『浮浪児一九四五—戦争が生んだ子供たち—』（新潮社、二〇一四年）、平井美津子編『シリーズ戦争孤児③沖縄の戦場孤児』（汐文社、二〇一五年）、信田さよ子『家族と国家は共謀する—サバイバルからレジスタンスへ—』（ＫＡＤＯＫＡＷＡ、二〇二一年）

コラム8

ノーマン・カズンズとヒロシマ・ガールズ

爆心地に近い平和記念公園南側の緑地帯に、その人の柔和《にゅうわ》な表情が浮かぶ。広島市の特別名誉市民ノーマン・カズンズ（一九一五～九〇年）の記念碑である。「ヒロシマの恩人」「アメリカの良心」とも称された氏を偲《しの》び、ゆかりの人たちがこの地に建てた。

米国の文芸評論誌主筆《しゅひつ》だったカズンズは一九四九年八月、初めて広島を訪問。とりわけ原爆で親を奪われた孤児たちの姿に胸を痛め、米国市民が彼らの精神的な親となって生活や学業を支える「精神養子運動」を提唱した。

もう一つ、カズンズが「恩人」たるゆえんは、被爆女性の渡米治療を実現したことにある。広島流川《ながれかわ》教会の谷本清牧師（一九〇九～八六年）と力を合わせ、顔などに大やけどを負った未婚の若い女性を米国に招いて形成外科手術をする計画に奔走《ほんそう》した（渡米手術の背景には、若い女性には結婚や顔が大事といった当時の価値観がある。近年ではジェンダーの視点から批判的に検証する動きもある）。一九五五年五月、二五人が米国に渡る。ニューヨークを代表する病院や現地の市民たちが一年半に及んだ事業を支えた。現地メディアに「ヒロシマ・ガールズ」と呼ばれた彼女たちは、核兵器が人類にもたらす悲惨を身をもって知らしめた。日本でも被爆者援護を求める運動の起爆剤となり、五七年の原爆医療法（被爆者援護法の前身）制定につながった。

「ガールズ」の一人、笹森恵子《ささもりしげこ》さんは帰国後に再渡米し、カズンズ夫妻の養子に。かつて「敵」だと教えられた人々の愛や善意に触れ、米国で生きる道を選んだという。国や人種といった枠を超え、真心を尽くしたカズンズの背中を見てきたからだろう。笹森さんは卒寿《そつじゅ》を迎えた今も世界中の人々に体験を語り、平和活動を続けている。

カズンズはその後も、ケネディ大統領（当時）の特使として米ソの核実験禁止交渉に尽くすなど、残した功績は数知れない。記念碑には、カズンズのこんな至言《しげん》が刻まれている。

「世界平和は努力しなければ達成できるものではない　目標を明確に定め責任ある行動をとることこそ人類に課せられた責務である」。

（森田裕美）

子どもたちにやさしい社会を目指して

川満　彰

戦争に正義はない

いったい誰がヨーロッパ圏内の同じ文化を持つ国同士で、戦争が起きると考えていたのだろうか。二〇二二年二月二四日、ロシア軍がウクライナに侵攻した。マスメディアで見るその破壊力はすさまじく、女性や子どもたちが巻き込まれ犠牲《ぎせい》となっている惨状《さんじょう》に胸が痛む。

子どもたちに平和学習をすると、「おとなは、なぜ戦争をするの」という問いが少なからず返ってくる。目の当たりにする戦争は、ロシア軍の侵攻が最も悪いのは当然だが、防衛するウクライナでは一八～六〇歳までの男性は国外退避が禁止され前線に立たされているという。やはり侵攻されると戦わざるをえないのだろうか。

いつの時代も戦争が突然やってくることはない。ロシア軍のウクライナ侵攻の予兆も、マスメディアは日々伝えており、日本国内でも緊張感が漂《ただよ》っていた。「戦争は絶対にやってはいけない」ことを前提にすると、その時・それ以前から粘り強くやるべきことがあったのでは、と悔やまれる。国内でいえば、沖縄戦で教訓となった「命どぅ宝（命こそ宝）」は、改めて普段の暮らしのなかで考え、実践しなければいけないと痛感する。戦争が起きてからでは遅く、戦争に正義など存在しない。

戦争とプロパガンダ

プロパガンダとは、例えば戦争勃発前後に政府の主義主張を発表し、戦争の加害を覆《おお》い隠す一方で、自らの正当性を広報・宣伝することである。改めてアジア・太平洋戦争開戦時を振り返ると、一九四一年一二月八日、昭和天皇が発表した開戦詔書《しょうしょ》の眼目は対連合国（米国）からの自存自衛であり、欧米による植民地支配からのアジアの解放だった。しかし、その実態は中国権益の確保と、東南アジアの重要戦略資源の獲得、あわよくば植民地化を狙っての開戦で、スタート時点からこの太平洋戦争は嘘《うそ》と偽《いつわ》りの戦争であった。ロシア・プーチン大統領の「西欧軍（NATO）からの自存自衛」、「（虐《しいた》げられているウクライナ）ドンバス地域住民の解放」という発言も同根であり、自国民や他者を味方につけようとするプロパガンダは、第三者からみれば滑稽《こっけい》以上に悲しみと憐《あわ》れみを感じる。戦争を正当化する欺瞞《ぎまん》は、いつの時代も、東西どの地域においても同じなのであろう。いったいこのプロパガンダはどこまで拡がり、続くのだろうか。

国内では、アジア・太平洋戦争で日本軍が犯した戦争犯罪を「自虐《じぎゃく》史観」と称し、「戦争はやむをえなかった」「南京大虐殺はなかった」という雑誌や書籍などが横行している。それを右派の国会議員らは前のめりに称賛し、学校教科書の記述に関して「侵略」を「進出」とするなど、事実を覆い隠そうと活発に動く。特に沖縄戦で日本軍に強制的に追い込まれて起きた「集団自決」（「強制集団死」ともいう）を、住民は愛国心で自ら死を選んだという美談に、政府が率先して書き直そうとする行為はプロパガンダだといわざるをえない。

そして今、国会議員を中心に、ロシア軍のウクライナ侵攻を引き合いに「敵基地反撃能力」の保有、「核保有」論が話し合われている。彼らの「核を持っていれば侵攻はなかった」、「現実を見ろ」という強者の論理は極めて危ない。

「現実」は、過去・歴史の延長線上にある。その歴史を振り返ると、基地があるところから戦争はやってくるというのが教訓である。歴史事実を反省したうえに描く現在から未来への道標は、これまで以上に「非核三原則」を厳守し、世界の核廃絶に向けた取り組みを前進させることである。

日本国憲法と子どもの権利条約

日本社会は、子どもにとってどれぐらいやさしい社会なのだろうか。アジア・太平洋戦争の悔恨《かいこん》と反省から、敗戦後に制定された日本国憲法は「国民主権」「平和主義」「基本的人権の尊重」の三つが基本柱となっており、その基本柱は小学校六年生で学ぶ。日本国憲法は、日本政府の草案に民主主義が盛り込まれず業を煮やしたGHQ（連合国軍総司令部）が中心となってできた。日本国憲法は誰がつくったかではなく、二度と戦争を起こさないように「平和主義」を冠した憲法を遵守《じゅんしゅ》することが、未来の子どもたちにとって大切なことであろう。

一九九四年、日本は国連総会で採択された子どもの権利条約に批准した。ユニセフのホームページには子どもの権利条約の柱となる四つの権利として、①生きる権利、②育つ権利、③守られる権利、④参加する権利が記されている。その柱だけをみても日本国憲法と子どもの権利条約は互いに補完し合う関係性にあることがわかる。子どもを守り・育むためには、両者を最大限にいかした社会をつくることが望まれる。

他方、子ども同士だけでなく家庭内での親やおとなのいじめ・暴力で子どもが死にいたる昨今のニュースは痛々しく悲しい。なぜそのような事態が起こるのだろうか。紙幅の都合上、詳細を述べることはできないが、今の政府が、競争社会を良とし福祉や教育までも利潤追求の分野に組み込もうとする「新自由主義」や、右派の「（天皇制に由来する）日本古来の伝統を守る」という考えを推し進めていることが根幹の一つにあると筆者は考えている。例えば、日本古来の伝統という夫婦同姓制や家制度（家父長制）は、「国民主権」「基本的人権の尊重」を冠する社会に適しない事案である。憲法の三つの基本柱、子どもの権利条約の四つの権利が欠けた社会のひずみは自ずと男性から女性、おとなから子どもへ流れる。それはあってはならない（ちなみに夫婦同姓制も家制度も日本古来の伝統ではなく、一八九八年に国民を統制するために制度化されたものであることは付記しておく)。

沖縄戦の教訓から考える

二〇二二年、沖縄は「捨て石」となった沖縄戦(一九四五年)から七七年、沖縄が日本から切り離された「屈辱《くつじょく》の日」(一九五二年四月二八日)から七〇年、そして日本へ復帰して五〇年(一九七二年五月一五日)を迎える。この間、沖縄では米軍基地の整理統合・機能強化に加え、日本政府による中国・北朝鮮脅威論で宮古島《みやこじま》・石垣島《いしがきじま》・与那《よな》国島《ぐにじま》に新たに自衛隊基地が設置された。基地があるところから戦争はやってくる、という教訓とは逆行する動きである。

沖縄県平和祈念資料館には、沖縄の負の歴史の端緒となった沖縄戦について結びの言葉を添えている。

沖縄戦の実相にふれるたびに　戦争というものは　これほど残忍《ざんにん》で　これほど汚辱《おじょく》にまみれたものはないと思うのです

この　なまなましい体験の前では　いかなる人でも　戦争を肯定し美化することは　できないはずです

戦争をおこすのは　たしかに　人間です　しかし　それ以上に　戦争を許さない努力のできるのも　私たち人間　ではないでしょうか

戦後このかた　私たちは　あらゆる戦争を憎み　平和な島を建設せねば　と思いつづけてきました

これが　あまりにも大きすぎた代償を払って得た　ゆずることのできない　私たち信条《しんじょう》なのです

子ども一人ひとりの「命どぅ宝」をどう守るか。それは主権者の私たちにかかっている。

「太平洋戦争と子どもたち」を知るための読書ガイド

本稿の役割は、①さまざまな研究蓄積（先行研究）のなかで、関心のあるテーマにアクセスするための参考であり、②どのような研究テーマに迫るのかという課題意識の形成のための道案内であり、③さらに新たな研究課題への挑戦の扉を開くための入口である。紙幅の範囲で読書ガイドをしてみたい。

〔まず目を通してもらいたい近年刊行の入門文献〕

本書の編者である浅井春夫・川満彰・平井美津子・本庄豊・水野喜代志が編集をした**『戦争孤児たちの戦後史（全三巻）』**（吉川弘文館、二〇二〇〜二一年）には、ぜひ目を通していただきたい。①総論編、②西日本編、③東日本・満洲《まんしゅう》編の三巻となっている。戦後七五年の一つの総括とし、この年が「戦争孤児研究元年」となることを願って、三年半の期間に全国で八回の巡回研究会を踏まえて編集に取り組んできたが、テレビ局のドラマや新聞で特集が組まれ戦争孤児問題の著作が相次いだことをみても、そうした願いが少しは叶ったといってよかろう。

『戦争孤児たちの戦後史（全三巻）』の刊行に先立って、本庄豊・平井美津子の編集による**『シリーズ戦争孤児（全五巻）』**（第一巻＝戦災孤児、第二巻＝混血孤児、第三巻＝沖縄の戦場孤児、第四巻＝引揚《ひきあげ》孤児と残留孤児、第五巻＝原爆孤児、汐文社、二〇一四〜一五年）が刊行されている。

その他にも両編者には次のような著作がある。**平井美津子『原爆孤児―「しあわせのうた」が聞える―』**（新日本出版社、二〇一五年）、**本庄豊『戦争孤児を知っていますか?』**（日本機関紙出版センター、二〇一五年）、**同『戦争孤児―「駅の子」たちの思い―』**（新日本出版社、二〇一六年）などは、原爆孤児たちを支援した「精神養子運動」

の取り組みや、京都における戦争孤児を支援した「伏見寮《ふしみりょう》」を丹念《たんねん》な取材と史料の発掘を通して記録している。

もう一人、戦争孤児問題を一貫して追究してきた金田茉莉は、自身が戦争孤児として親戚に預けられた体験を踏まえて、戦争孤児問題における国の戦争責任と戦中・戦後の孤児政策の問題を指摘し続けてきた先駆者である。**金田茉莉**『**東京大空襲と戦争孤児**』(影書房、二〇〇二年)、**同**『**かくされてきた戦争孤児**』(講談社、二〇二〇年)などの著書が多数ある。

それ以外では、**浅井春夫**『**沖縄戦と孤児院**』(吉川弘文館、二〇一六年)、**藤井常文**『**戦争孤児と戦後児童保護の歴史―台場《だいば》、八丈島《はちじょうじま》に「島流し」にされた子どもたち―**』(明石書店、二〇一六年)、**上田誠二**『**「混血児」の戦後史**』(青弓社、二〇一八年)、**白井勝彦・藤原伸夫**『**神戸《こうべ》の戦争孤児たち**』(みるめ書房、二〇一九年)、**川満彰**『**沖縄戦の子どもたち**』(吉川弘文館、二〇二一年)などをあげておきたい。

〔続けて読みたい重要文献〕

山中恒『**子どもたちの太平洋戦争―国民学校の時代―**』(岩波書店、一九八六年)は、戦争は子どもたちの遊びや学校生活を大きく変化させたことが述べられる。少年団に組織され、集団学童疎開で家族とも別れた暮らしを強いられたのであった。「戦時下の子どもの風景を編年体形式(時系列で記述する形式―引用者注)で総括する」ことがめざされ、戦時下の子どもをとりまく現実は地域差が大きいことにも留意されている。また戦争の状況に応じて戦力としての子どもの養成・保持政策は矢継ぎ早に変更されてきたので、総括的なまとめの難しさを指摘している。それがリアルな戦時下の子どもたちの実際であった。

秋山正美編『**小学生新聞に見る戦時下の子供たち(全三巻)**』(日本図書センター、一九九一年)は、一九三六年九月~四三年六月までの『日本(東日)小学生新聞』のなかから記事を取り上げている。写真や挿絵も豊富に使われており、戦況の変化、学校教育の軍事訓練校化、戦争への思想動員体制の推進、戦争犠牲者としての子どもの記録などがわかりやすく掲載されている。統制された記事のなかに子どもたちの暮らしの困難と悲しみを読み取ることができる。戦中の新聞記事の読み方のトレーニングとなる書籍である。

「シリーズ・戦争の証言」の第二巻にあたる**田宮虎彦編『戦災孤児の記録』**（太平出版社、一九七一年）は多くの人に読まれた文献である。施設で生活する戦争孤児、被災や親との別れの記憶、その後の戦争孤児としての暮らし、施設に来ることになった状況などを、子どもたち自身の文章で記述されている。

小林文男『家なき児―ある浮浪児の手記―』（文明社出版部、一九四八年）は、執筆時は朝日新聞東京本社記者であり、のちに本書にも出てくる東京都中野《なかの》区にある児童養護施設「愛児《あいじ》の家」の常務理事となる人物の記録である。巻頭の「ことば」に、「この一篇は、ある浮浪児のきびしい生活の実録」（一頁）であり、「作家でも、文学者でもないわたしは、ただ彼の思い出の糸のままに、この稿をつづりました」（二頁）とあるように、主人公からの聴き取りを踏まえ、「主人公の伊藤君」の魂がのり移ったかのような記述となっている。飾りのない文章のなかにリアリティがみえる。また、**同『問題児』**（民生事業研究会、一九五三年）は、「問題児とは、戦争の犠牲を、あまりにもきびしく受けた、気の毒な子供たちの総称である」（七頁）という立場で、混血児・基地の子・学校へ行けない子・売られた子・街頭の子・犯罪の子・浮浪児・水上の子などが統計数値も紹介しながら論じられている。

〈戦中・戦後体験を綴った手記や自治体の戦災誌など〉

金田茉莉著、浅見洋子監修『終わりなき悲しみ―戦争孤児と震災被害者の類似性―』（コールサック社、二〇一三年）、**星野光世『もしも魔法が使えたら―戦争孤児一一人の記憶―』**（講談社、二〇一七年）は、市民団体「戦争孤児の会」のメンバーが書いた記録である。

児童養護施設での戦中・戦後の取り組みを知るためには、**全社協養護施設協議会（全養協）調査研究部編『全養協二〇年の歩み』**（全社協養護施設協議会、一九六六年）がリアリティを感じる内容となっている。

自治体史の記録では、まず**東京都編『東京都戦災誌』**（同、一九五三年）が、「終戦後の社会状勢の変化」「治安状態とヤミ取締り」「終戦後の浮浪者・浮浪児対策」「浮浪児対策」（五一一〜五二六頁）を取り上げ、統計的な資料としても貴重な内容となっている。民間からの戦争被害の記録として、**同編集委員会『東京大空襲・戦災誌（全五巻）』**（東京大空襲を記録する会、一九七五年）がある。当時の都知事である美濃部《みのべ》亮吉《りょうきち》の言葉を借りれば、「体験者自らが語る強さ」（第五巻、二六頁）で記録された内容となっている。**大阪市役所編『大阪市戦災復興誌』**（同、一九五八年）、**広島市役所編『広島原爆戦災誌（全五巻）』**（同、一九七一年）、**長崎市編『長崎原爆戦災誌（全五巻）』**（同、一九八三〜二〇〇六年）も具体的に戦争被害が記述されている。

沖縄県教育庁文化財課史料編集班編『沖縄県史 各論編六 沖縄戦』（沖縄県教育委員会、二〇一七年）では、「戦災孤児」が県史の編纂《へんさん》では初めて独立の節として設けられている。**沖縄市総務部総務課市史編集担当編『沖縄市史第五巻 戦争編—冊子版—』**（沖縄市役所、二〇一九年）でも、「コザ孤児院」についての独立の節が設けられている。

沖縄における郷土史研究の姿勢を、私たちは学ばなければならない。

（浅井春夫）

戦争遺跡・戦争遺物・戦争証言から学ぶ

戦争の記憶を持つ敗戦時一〇歳前後の子どもも、今は八〇代後半の年齢である。戦争体験の聴き取りをするラストが迫っている。戦争体験者が少なくなるなか、戦争遺跡や戦争遺物により戦争の実相を伝えることが大切になっている。戦争遺跡や戦争遺物は意外と身近なところにある。戦争について調べ、学ぶ方法を、ここでは皆さんと一緒に考えみよう。

〔戦争遺跡〕

戦後武装解除された旧日本軍関係の跡地は、現在自衛隊基地・学校・公園などになっている。これらを戦争遺跡と呼ぶ。戦争遺跡とは戦争に関係した遺跡（遺構・建造物・跡地など）のことで、イラストのように八種類に分けられる。例えば、京都府宇治《うじ》にあった陸軍宇治火薬製造所跡地は、現在宇治市立東宇治中学校・陸上自衛隊宇治駐屯地・京都大学宇治キャンパスなどに変わっている。

地元を調べると、学校関連の戦争遺跡として、戦前につくられた奉安殿《ほうあんでん》や「皇紀《こうき》二千六百年記念」碑がみられる場合がある。戦前の学校では祝日や行事の時に講堂に天皇と皇后の写真（御真影《ごしんえい》）を飾り、校長先生が白い手袋をして「教育勅語」を読んだ。教育勅語には「天皇のために命を投げ出そう」と書かれていた。その教育勅語・御真影を保管した場所が、奉安殿・奉安庫である。この前を通る時は、立ち止まって最敬礼しなければならなかった。また、一九四〇年には、神話上の神武《じんむ》天皇の即位から二六〇〇年にあたるため、全国で記念行事が開催された。また即位を記念して、「皇紀二千六百年記念」碑が地域や学校に建てられた。

兵士たちは出征前に生まれ故郷の神社や寺にお参りした。そのため、神社や寺には戦勝祈願の祈念碑や、戦争で亡くなった兵士や兵馬の慰霊塔《いれいとう》が建てられた。寺の墓地のなかに、上がとがった形の石柱が建っていることがある。戦争で亡くなった兵士の墓である。たくさんの兵士の墓を集めた軍人墓地もある。これらの墓石に刻まれた名前と年齢、戦死した場所と年代を調べると、日本の戦争が次第に拡大していっているのがわかる。

戦争遺跡の分類（十菱駿武・菊池実編『しらべる戦争遺跡の事典』柏書房，2002年）

〔戦争遺物〕

地域の博物館には、戦前の子どもたちが使った遊び道具や日用品が展示されていることがある。戦争や軍隊をモチーフにしたおもちゃや文具などを通して、子どもたちは「戦争するのは当たり前」「兵隊になって戦争に行きたい」「日本はアジアに平和をもたらすために戦争をしている」などの気持ちにさせられていった。戦争柄の子ども用の着物も多くつくられた。立命館《りつめいかん》大学国際平和ミュージアム（京都市）は、右記の着物をはじめ、たくさんの戦争遺物を所蔵している。

また、戦地の兵士には日本の子どもたちから慰問袋《いもんぶくろ》が届けられた。袋のなかには図画や写真とともに、次のような慰問文が入っていた。「映画で兵隊様が雨あられと飛んで来る敵弾の中を敵前上陸なさる姿を見た時、私たち涙が出ました」「私たち神社に日参して兵隊様方の武運長久《ぶうんちょうきゅう》をお祈りしています」。じつは慰問文の内容はよく似ていた。それはお手本があり、教師の指導で書かされたものだからである。慰問袋は数多くつくられたため、全国の平和資料館に保管・展示されている。

　昭《しょう》和《わ》館《かん》（東京都千《ち》代《よ》田《だ》区）では六万点以上の実物資料（戦争遺物）が保管されており、そのなかから約五〇〇点が常設展示されている。木銃やなぎなた、竹やりの展示もある。学校では男子は木銃による軍事訓練、女子はなぎなた訓練が行われた。地域では女性たちが竹やり訓練をさせられた。しかし、アメリカ軍による空襲の前にはこれらの訓練は無力だった。

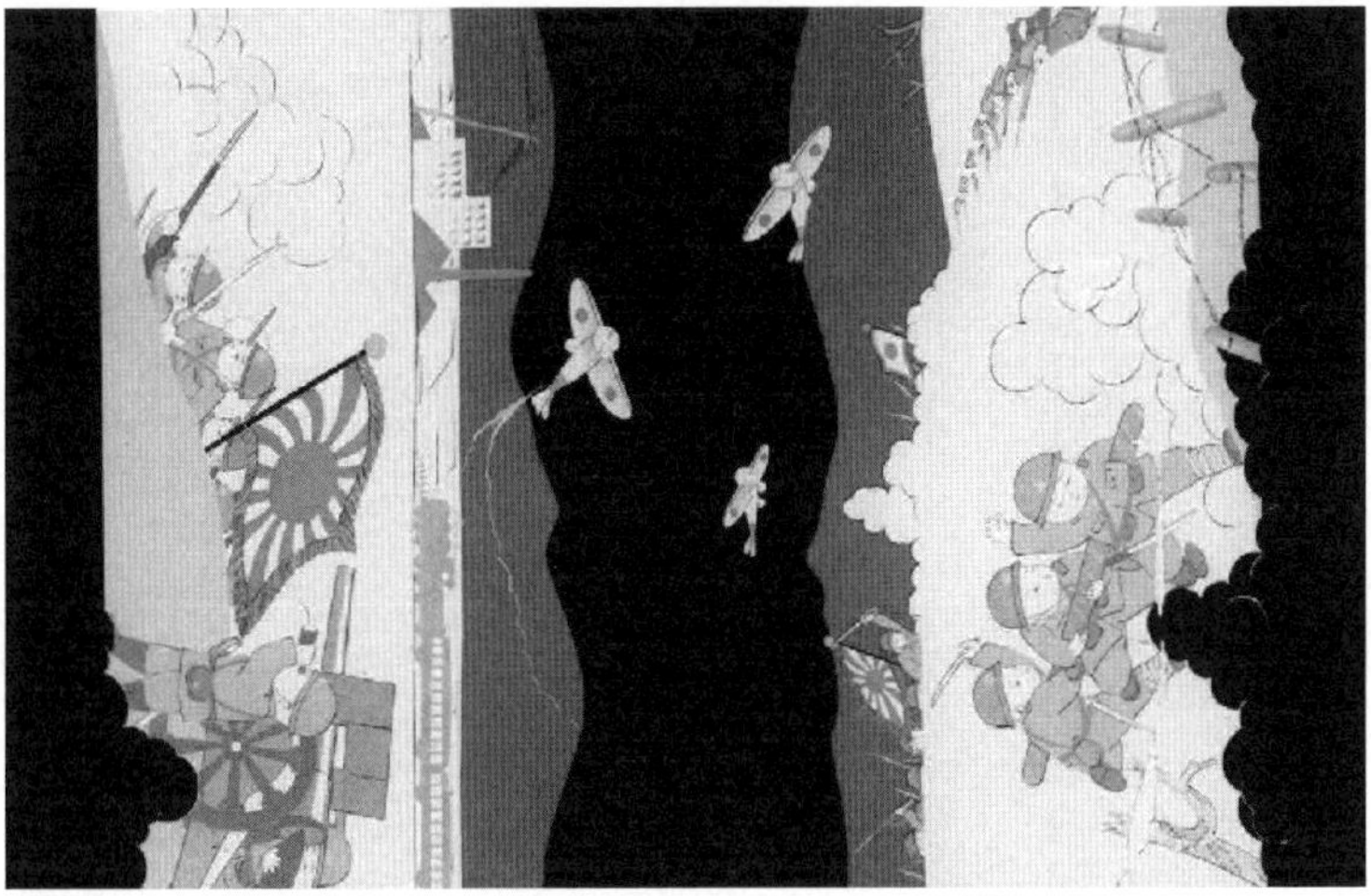
戦争柄の子ども用着物（立命館大学国際平和ミュージアム所蔵）

〔戦争証言〕

　徴兵され、兵士として戦場を体験した人は、若くとも九〇歳代後半になっており、証言を聞くことが困難になっている。現在、語り部をしているのは、八〇代後半から九〇代前半の人たちであり、内容は空襲・引揚《ひきあげ》・戦争孤児など、戦争の被害体験が中心である。

　こうした方々もいずれ語れない時期が来るので、貴重な体験をビデオやテキストとして記録しておくことが重要になる。これらの体験の蓄積は、各地で進められている。全国の自治体や平和資料館のホームページでは、戦争体験の証言動画が配信されているし、図書館では地元の戦争体験者の証言が掲載された出版物が保管され、自由に閲覧・貸出することができる。

　戦争体験者は必ず「戦争は二度としてほしくない」と言う。近い将来、二度と戦争遺跡・戦争遺物・戦争証言が残る社会であってはならない。

〔参考文献〕岩脇彰・東海林次男編著『シリーズ戦争遺跡』(汐文社、二〇一〇年)、岩脇彰編著『シリーズ戦争遺物』(汐文社、二〇一三年)

編者・執筆者紹介

＊生年／現職（配列は50音順とした）

編者

浅井春夫（あさい　はるお）　1951年／立教大学名誉教授

川満　彰（かわみつ　あきら）　1960年／沖縄戦研究・沖縄平和ネットワーク会員

平井美津子（ひらい　みつこ）　1960年／大阪大学・立命館大学非常勤講師

本庄　豊（ほんじょう　ゆたか）　1954年／立命館大学・京都橘大学非常勤講師

水野喜代志（みずの　きよし）　1953年／社会福祉法人友の会 なかま共同作業所施設長

執筆者

艮　香織（うしとら　かおり）　1975年／宇都宮大学共同教育学部准教授

片岡志保（かとおか　しほ）　1976年／日本福祉大学福祉経営学部（通信教育）助教

岸　博実（きし　ひろみ）　1949年／京都府立盲学校・京都女子大学非常勤講師

久保田　貢（くぼた　みつぐ）　1965年／愛知県立大学教育福祉学部教授

栗原俊雄（くりはら　としお）　1967年／毎日新聞専門記者

阪本伊三雄（さかもと　いさお）　1937年／元京都府文化財保護指導委員

酒本知美（さかもと　ともみ）　1972年／日本社会事業大学通信教育科講師

鈴木　静（すずき　しずか）　1972年／愛媛大学法文学部教授

瀬戸隆博（せと　たかひろ）　1968年／恩納村史編さん係会計年度任用職員

田所顕平（たどころ　けんぺい）　1944年／歴史教育者協議会会員

西内　章（にしうち　あきら）　1972年／高知県立大学社会福祉学部教授

松岡　勲（まつおか　いさお）　1944年／元立命館大学非常勤講師

森田裕美（もりた　ひろみ）　1973年／中国新聞社論説委員

吉川由紀（よしかわ　ゆき）　1970年／沖縄国際大学非常勤講師

事典 太平洋戦争と子どもたち

二〇二二年（令和四）八月一日 第一刷発行

編者 浅《あさ》井《い》春《はる》夫《お》
川《かわ》満《みつ》彰《あきら》
平《ひら》井《い》美《み》津《つ》子《こ》
本《ほん》庄《じょう》豊《ゆたか》
水《みず》野《の》喜《き》代《よ》志《し》

発行者 吉川道郎
発行所 株式会社 吉川弘文館
郵便番号一一三―〇〇三三
東京都文京区本郷七丁目二番八号
電話〇三―三八一三―九一五一〈代〉
振替口座〇〇一〇〇―五―二四四番
http://www.yoshikawa-k.co.jp/

印刷＝株式会社 東京印書館
製本＝株式会社 ブックアート
装幀＝黒瀬章夫

Printed in Japan
ISBN978-4-642-08414-7

戦争孤児たちの戦後史 全3巻

戦後七五年を迎え、これまで未解明であった戦争孤児の全体像を明らかにする。新たな資史料の探索や、残された時間の少ない体験者たちの証言も収録。全国各地の孤児の実態、国の対応と姿勢、施設での暮らしを追究する。路上生活・差別・トラウマなど、戦争孤児たちが歩まざるをえなかった過酷な戦後の現実を掘り起こし、戦争の悲惨さを考察する。

Ａ５判・平均二五六頁／各二二〇〇円（税別）

1 総論編　浅井春夫・川満　彰編

2 西日本編　平井美津子・本庄　豊編

3 東日本・満洲編　浅井春夫・水野喜代志編

吉川弘文館

沖縄戦と孤児院
戦場の子どもたち

浅井春夫著

A5判・一九二頁／二二〇〇円（税別）

全住民を巻き込んだ沖縄戦で、多くの子どもたちが家族を失い孤児となった。彼らが収容された米軍統治下の孤児院とはどのような施設だったのか。苦しい食料事情、感染症の蔓延、衰弱死など孤児たちが直面した現実をはじめて解明。占領・統治政策の本質と孤児院運営との関係に触れ、沖縄戦研究における空白となっているテーマに鋭く迫る意欲作。

沖縄戦の子どもたち

川満　彰著

四六判・二四〇頁／一七〇〇円（税別）

太平洋戦争末期の沖縄で、激しい地上戦に巻き込まれた少年少女たち。少年兵・学徒隊や補助看護隊への動員、学童疎開船・対馬丸の撃沈、「集団自決」など過酷な戦禍に苛まれ、生き残った者も戦争孤児となるなど、人生を大きく狂わされた。大人の巻き添えにされた彼らの体験や視点を通して、二度と戦争を起こさないために何ができるのかを考える。

（歴史文化ライブラリー）

吉川弘文館